C'EST GRAVE
mais
PAS SÉRIEUX

PIERRE PALMADE

C'EST GRAVE MAIS PAS SÉRIEUX

SEUIL

ISBN : 2-02-020772-9

À Jacqueline, à l'humour !

L'AUDITION

– Maman, je t'assure, je sais pas si c'était indispensable que tu viennes…

– Boutonne ta chemise, on voit ton Damart !

– Écoute, j'ai plus quinze ans ! Regarde bien autour de toi, y a aucun des comédiens qui est venu avec sa mère à cette audition.

– Mais si, seulement elles attendent dans leurs voitures… Moi j'ai eu le courage de monter, c'est tout.. Je te connais, tu es traqueur, si tu me fais une hypoglycémie en plein milieu de ta scène, tu seras bien content d'avoir ta mère pour te ramasser.

– Mais je vais très bien. Mais je suis sûr que ça va les faire rire que je me présente pour le rôle avec ma mère.

– Je fais ridicule, c'est ça ?… Tu as honte de ta mère ?

– Dans ces moments-là, je l'avoue, oui, un peu.

Elle commence à pleurer.

– Alors là, bravo. Si tu voulais me faire de la peine, tu pouvais pas mieux t'y prendre ! Allez élever un fils pendant vingt-cinq ans pour qu'au bout du compte il vous traite de mémère !... Ça... Si j'avais su, je ne t'aurais jamais laissé sortir de mon ventre !...

– Arrête de pleurnicher, tout le monde nous regarde !

Ils stoppent tous les deux net, les yeux grand ouverts.

– Ton nom, mon fils, ils viennent de dire ton nom ! Tu es reçu, tu as gagné, tu es lauréat du concours ! Quand je vais dire ça à Jacqueline, elle va être verte !

– Mais non, maman, c'est juste mon tour. Ils m'appellent pour que je passe l'audition.

– Alors, vas-y, qu'est-ce que t'attends ? les autres vont te prendre ton tour ! Oh, pas plus dégourdi que son père, celui-là !

Il se lève.

– Bonjour, vous m'avez appelé, je crois... Bonjour. Je viens pour le rôle du charcutier.

– C'est mon fils ! Il n'y connaît rien en charcuterie, mais il est très bon comédien ! À table il nous fait toujours beaucoup rire le dimanche !

À voix basse :
– Arrête, maman !... Euh, j'ai appris la scène par cœur, j'y vais ?... Bon, j'y vais !

– Tes chaussettes !… Remonte tes chaussettes ! *(Il s'exécute.)* C'est bon, vas-y maintenant !

Il se concentre et commence :
– « Bonjour madame Courmelin ! Trois tranches de mortadelle, comme d'habitude ? »

– Plus fort, on n'entend rien ! *(À un voisin imaginaire :)* Vous entendez quelque chose, vous ?

– Chut ! ! Bon, je recommence, excusez-moi !… « Bonjour madame Courmelin, trois tranches de mortadelle, comme d'habitude ? »

– Bravo ! bravo ! *(Au voisin :)* Il a répété avec moi ! Bravo !… Je sais pas, vous, mais moi, je le trouve formidable !

– Veuillez m'excuser, s'il vous plaît ! *(À sa mère :)* Maman, on n'est pas à la fête de fin d'année du lycée ! Je suis peut-être en train de jouer ma carrière ! Alors si tu cherches à saboter mon audition, vas-y, continue comme ça, ils vont me remercier dans cinq minutes !

– Tu me parles sur un autre ton, veux-tu ! Je te rappelle que c'est moi qui ai découpé l'annonce dans le journal !

– Oui mais enfin, c'est quand même moi qui ai acheté le journal ! *(Aux autres :)* Oui, deux secondes, j'arrive !… *(À sa mère :)* Alors, s'il te plaît, tu essaies de te faire toute menue !

– C'est une allusion à mon régime, ça ?

– Pff !… *(Au jury :)* Je reprends la scène peut-être ?… Ah non ?… Vous voulez des renseignements ? Je vous écoute… Euh, je fais environ 1m 85 !

– Oui, il est plus grand que son père, on sait pas comment ça se fait !

– Couleur des cheveux ? Oh ben, je dirais châtain clair…

– Oui, enfin, quand tu ne te les fais pas décolorer ! Quoiqu'une fois il s'était teint en blond, ça lui allait très bien !

– Bon, ça va bien maintenant ! Tu veux pas venir à ma place tant que tu y es ?… Je suis vraiment désolé, messieurs dames, de vous imposer cette femme ! Si j'avais su…

– Comment ça, cette femme ?... Tu me fais passer pour une étrangère ? Je prends sur mon temps pour t'accompagner, j'ai passé la matinée à me faire une toilette pour taper dans l'œil du jury. Hier soir j'ai réuni tous les bulletins scolaires pour montrer à ces messieurs dames que t'as toujours eu des bonnes notes à l'école, et toi tu parles de moi en disant cette dame ? Mais c'est le monde à l'envers !

– Mais on s'en fout de tout ça, mais alors à un point, tu ne peux pas t'imaginer ! Qu'est-ce que ça vient faire là, mes bulletins scolaires ? Tu veux pas non plus amener mes analyses d'urine ?... Tu me pompes mon oxygène, maman !

– Je te pompe ton oxygène ?

– Tu me pompes mon oxygène ! C'est pas l'école des fans que je fais, c'est une audition pour un film, t'as réalisé un peu ? *(Au jury :)* Je m'excuse, hein !

– Oh l'ingrat ! Oh le petit MAQUEREAU !

– Pardon ?

– Tout ce bal que tu nous fais depuis une semaine pour arriver à bredouiller : « Bonjour madame Courmelin, trois tranches de mortadelle, comme d'habitude »... Mais tout le monde peut le faire, ça, mon pauvre garçon !

– Maman, tu es dégueulasse, tu m'as gâché ma journée !

– Bon, ça a assez duré maintenant, tu viens, on rentre à la maison !... *(Au jury :)* Pardon ?... Que je répète la phrase ?... Oui, si vous voulez ! *(À son fils :)* Pousse-toi s'il te plaît !... « Bonjour madame Courmelin ! Trois tranches de mortadelle, comme d'habitude ?... » Vous aimez ?... Ben non, je ne suis pas comédienne, mais enfin c'est vrai, la scène du charcutier je la sens bien... D'ailleurs je me disais... pourquoi pas une charcutière ?

– Mais enfin...

– Tu permets ? je m'entretiens avec le jury !

– Alors ça !

– Non, c'est vrai ? Vous dites ça sérieusement ? Vous me voyez bien dans le rôle ? Écoutez... Je ne m'y attendais pas, mais tout bien réfléchi, c'est vrai que ça me tente bien ! Le rôle est sympa ? Ah oui, quand même !... Bon, je ne vous donne pas une réponse tout de suite parce que faut que j'en parle à mon mari, on décide toujours tout ensemble, mais *a priori* c'est oui ! Bon, de toute façon, vous avez mes coordonnées, c'est les mêmes que celles de mon fils ! Vous m'appelez ?... Ça marche !...

Allez viens, fiston, faut que j'annonce la nouvelle à Jacqueline, elle va être verte !... *(Au jury :)* Dites-moi, s'il vous manque un petit rôle de figuration, même tout petit, ça serait sympa de penser à mon fils ! J'aimerais lui donner un coup de pouce pour sa carrière ! Merci !

INTERROGATIONS

Toi, tu préfères être riche et moche, ou pauvre mais vachement beau ?... J'arrête pas de me poser la question... C'est-à-dire qu'il y a un avantage et un inconvénient de chaque côté...

Remarque, si t'es riche, tu peux te payer une chirurgie esthétique, évidemment...

En même temps, si t'es bien physiquement, tu peux te faire du fric en posant dans des magazines...

Je me demande si j'ai soulevé un vrai problème... Non, si j'avais à choisir, je crois que je serais pauvre et beau... Ou riche et moche... Je sais pas... Évidemment, l'idéal, c'est d'être riche et beau...

Et intelligent aussi, ça, ça compte !... Parce que le type qui est riche, intelligent mais moche, eh ben, j'estime qu'il lui manque quelque chose !

Quoiqu'il y a différentes façons d'être moche... Toi, à choisir, tu préférerais avoir un gros nez, mais alors, énorme, ou bien... avoir une jambe de bois ?

Tu vois, par exemple, je me demande s'il vaut mieux être borgne et manchot... ou alors hémiplégique avec un bec-de-lièvre... Qu'est-ce qui est le plus moche ?...

Obèse aussi, c'est pas mal... Obèse et chauve... Une femme obèse et chauve. Ça, c'est moche, c'est carrément ignoble !... Remarque, y en a pas beaucoup.

De toute façon, le charme, c'est pas que physique... Toi, si tu devais te remarier – non, mais admettons –, tu choisirais une femme obèse et très intelligente, ou bien un genre mannequin, mais alors, con comme la lune ?

T'y avais jamais pensé ?

C'est pas aussi bête que ça en a l'air, ces questions... Moi je sais que je passe des nuits dessus...

Je te jure, moi, si je réponds pas à ces questions, j'aurai l'impression de mourir idiot... D'ailleurs, en parlant de mort, je me suis toujours demandé s'il valait mieux mourir piqué par un scorpion ou piqué par une mygale...

Non, non, mais rigole pas, parce que j'en avais déjà parlé à un copain qui s'était foutu de ma gueule, il est mort hier écrasé par un camion... Eh oui... Ben, le rapport, c'est que, impuissant devant cette question, il a choisi une autre mort... Enfin, c'est mon analyse...

Imagine la femme obèse et riche qui se fait piquer par une mygale...

Là, la pauvre, elle a la totale !... Ou le camion chauve et hémiplégique qui se fait écraser par un scorpion...

Attends... Non, un scorpion pauvre avec un bec-de-lièvre... Ça, en fait, tant qu'on n'est pas au pied du mur, on peut pas savoir...

Toi, si t'étais un scorpion, tu préférerais... Ah, t'es bélier ? Oui, mais ça n'a rien à voir...

Quoique je me demande s'il vaut mieux être bélier et mourir piqué par un scorpion, ou alors scorpion et mourir... écrasé par une femme obèse !

Non, c'est vrai que ce sont des questions qui me viennent au fur et à mesure, mais je crois qu'elles ne sont pas dépourvues d'intérêt, parce que la vie est faite de choix...

Non, je dis scorpion, mais on peut très bien se faire piquer par… par un serpent !

Tiens, c'est vrai, j'y avais pas pensé !… Ça n'existe pas, les serpents hémiplégiques ?

Non, *a priori*, comme ça…

C'est vrai, depuis ton accident de moto, le fait de te voir sur un lit d'hôpital avec toutes ces perfusions, ça m'oblige à m'interroger énormément…

Et c'est pour ça que, dans un sens, c'est positif, cet accident – enfin, façon de parler – parce que ça a répondu à une de mes questions : je sais maintenant que quand une voiture et une moto se percutent, il vaut mieux être dans la voiture que sur la moto… puisque moi j'ai rien eu…

L'EXPRESSION CORPORELLE

Tu trouves pas que j'ai vachement changé, ces derniers temps ?...

Oh si, j'ai vachement changé ! Déjà y a un changement, du fait que je t'en parle !... Mais ça, je vais te dire, c'est depuis que je me suis inscrit à ces cours d'expression corporelle !

Tu vois, j'ai pris conscience de mon rôle dans l'espace-temps, du fait que je suis infiniment petit par rapport à l'infiniment grand...

Quand je sors de ces cours, j'ai l'impression que je ne fais plus qu'un avec moi-même, tu vois ! Ne serait-ce que quand je fais ça... (*Il tend le bras.*)

Eh bien, ça n'a l'air de rien, mais dans mon bras je canalise toute la force du cosmos !... Oui, comme tu dis, faut le savoir... mais moi, je le sais !

Et puis, en plus, on a un prof génial, quoi ! Il a des cheveux très longs qui traînent par terre et il dit que c'est pour rester en contact avec les forces du sol ! C'est fou, hein ?… Il a un respect absolument dingue pour la nature, à tel point qu'il n'a plus de dents pour pas blesser les aliments quand il les mange ! Je trouve ça génial. D'ailleurs, pendant les cours j'enlève mon bridge !

Ben, il nous apprend à nous mettre dans la peau d'un objet ou d'une plante pendant plus d'une heure et demie !… Et on fait tous nos exercices sur des musiques de Jean-Michel Jarre et le résultat est assez surprenant…

Moi, quand je sors de ces cours, je suis complètement bouleversé.

Hier, j'ai fait l'œuf au plat pendant plus de deux heures, on pouvait plus m'arrêter !

En gros, je le faisais comme ça, tu vois… Et encore, là je ne suis pas concentré. Le plus dur, c'était de distinguer en moi mon côté jaune d'œuf, mon côté blanc d'œuf ! Ça me fait sortir de ma coquille, c'est barjo !

D'autant plus que ça a une influence dingue sur mon quotidien…

Maintenant, pour faire mes courses, au lieu de demander au vendeur ce que je veux, je lui mime mes achats ! J'arrive pas à faire toutes les marques, mais j'ai fait d'énormes progrès !

Et puis j'ai plus d'angoisses ! J'ai plus d'angoisses !

Avant, je m'inquiétais de ce que j'allais faire de mon avenir, maintenant je me rassure parce que je sais ce que j'ai fait de mon passé !

Et ça, j'en avais pris conscience pendant un cours où j'avais fait le chewing-gum dans un verre d'eau !

Je m'étais dit : « Merde, un chewing-gum dans un verre d'eau n'a d'intérêt, que parce qu'avant il était chewing-gum dans un paquet de chewing-gums ! »

Tu me suis ?... C'est pas grave !

Faudrait que je trouve un exemple à ta portée... Tiens, quand je fais la pastille Valda, eh bien, je suis tellement concentré que j'arrive à dégager une odeur de menthe ! C'est fou, hein ?

Ah, mais y a le revers de la médaille aussi...

J'ai un copain qui, depuis six mois, se prend pour une fourchette !

Il dort dans un tiroir, il prend sa douche dans le lave-vaisselle, c'est horrible !...

Mais comme dit mon prof, l'important, c'est de savoir qui tu es !

Si ça se trouve, ce mec est une fourchette, qu'est-ce qu'on en sait ?

Chez moi, j'ai viré tous les meubles, parce que je me suis rendu compte que je pouvais les remplacer moi-même ! Sans compter que c'est une économie qui amortit mes cours d'expression corporelle !...

Ben, ça fait quand même 3 500 balles l'heure, et j'en fais... six heures par semaine !

Notre prof nous dit que c'est pour nous montrer à quel point l'argent n'a pas de valeur ! Il aurait très bien pu nous faire payer cinq francs, ça aurait été la même chose ! Bon, il préfère nous faire payer 3 500 francs, mais finalement, où est la différence ?

Oh, ne sois pas aussi terre à terre !

Ça ne te dirait pas d'essayer un cours ?…

Ben, c'est les lundis, mercredis et samedis de deux heures à quatre heures du matin, au foyer des jeunes à Montreuil.

LE COLONEL

Musique militaire. Il entre en scène d'une démarche très efféminée.

D'un ton guilleret :
Pardon, mon colonel, je... je peux... je peux vous voir entre deux... manœuvres ?

Rire mondain.

C'est très gentil de votre part. Excusez-moi, j'vous ai pas dit bonjour... pardon !

Il lui tend la main et se reprend.

Enfin, salut... (*Salut militaire.*)

Non, enfin, j'veux dire : « bonjour »...

Non, excusez-moi, je ne suis pas encore complètement familier avec vos... vos rites... Mais je sens qu'ça commence à v'nir !

Oui, je suis le chasseur de La Guerronière, j'ai été incorporé, y a quoi ? une semaine... et j'avoue qu'y a deux, trois p'tites choses dont j'aimerais vous entretenir.

C'est pas grave grave, hein, mais, si vous prenez en compte ce que j'vais vous dire, hein, je pense qu'on peut aller vers... un peu plus de confort...

Non, c'est pas un de vos principaux buts, je sais, mais ça peut être un plus pour le moral des troupes.

Asseyez-vous, hein, si vous... si vous voulez... Bon, en tout cas, moi je m'assois, parce qu'alors, j'ai fait des exercices toute la journée, je suis é-rein-té !

Il s'assoit.

D'abord, un truc tout bête : c'est la tenue que vous nous faites porter. Qui est très sport, hein, j'en conviens, mais alors, la couleur !... Qui s'est occupé du choix de la couleur ? Parce qu'alors, KAKI, vous avez pas tapé dans ce qu'il y a de plus reluisant !

Alors moi, au début, j'avais pensé à un blanc cassé, mais j'ai peur que ça soit un peu salissant pour les exercices que vous nous faites faire. Mais, par exemple, un petit rouge bordeaux, qu'est-ce que vous en pensez ?

Ah, ah, ah oui ! Ah, c'est vrai que ça va pas faciliter le camouflage ! On peut rester dans le vert, tant pis, c'est pas la couleur que je préfère..., à ce moment-là, un petit vert bouteille, ce sera plus avenant...

Non, écoutez, arrêtez de dire « non » comme ça, sans réfléchir, chaque fois, parce que moi, à mes heures de repos, j'fais un peu de couture. Je vais vous montrer un modèle. On décidera après ?...

Non ?... J'insiste pas, alors ? Bon, de toute façon, c'était une première chose... Maintenant, c'est au sujet de la cantine : ON EST BEAUCOUP TROP SERRÉS À TABLE, hein ! Bon alors, déjà les bancs, ça j'imagine que c'est une question de budget, mais sincèrement, des tables de... SIX... on est, quoi ? DIX dessus ! Même pas par affinités...

J'ai conscience qu'on n'est pas à l'hôtel, mais, r'gardez bien, on est serrés, donc... on mange mal, donc on... digère mal... Oui, eh ben, le résultat, on l'verra au combat ! On est ballonnés !

Et puis vous nous habituez à tellement d'espace pendant toutes ces manœuvres..., toutes ces forêts, euh... tous ces champs de... de mines, que nous, on arrive à la cantine, on claustrophobe ! Alors, si vous pouviez en glisser un mot à l'architecte, je pense que ça serait pas du luxe !

Bon, la tenue, la cantine, ça c'est réglé...

Ah ! TOUS LES MATINS y a un type, faut absolument trouver qui c'est... qui, sur les coups de... six heures, joue de la trompette ou du saxophone – je sais pas ce que c'est comme instrument – et ça réveille TOUT le monde ! En plus il joue pratiquement toujours la même chose, c'est irritant, faut faire que'que chose hein...

Ah, c'est du clairon ? C'est possible. Je ne suis pas très mélomane.

Il le fait EXPRÈS ?... Mai...ai...ais, il est fou, ce type ! *(Doigt sur la tempe.)*

Ah oui… Mais là, NON, hein, à ce moment-là, six heures, c'est beaucoup trop tôt ! Moi j'vois, si j'ai pas mes huit heures de sommeil, j'suis qu'à cinquante pour cent de mes capacités… Non, non, non, mais vous êtes très agréable, euh… pour un militaire, mais j'trouve que vous exagérez un peu là quand même !…

Pardon ?… Vous allez m'offrir… une chambre individuelle ?… J'en demandais pas tant !…

Il semble émerveillé.

Pendant une semaine j'aurai rien à faire ?… Non, non, c'est très aimable de votre part, enfin j'voudrais pas non plus susciter de la jalousie chez mes camarades… parce qu'ils sont très…

Vous insistez, j'accepte ! Mais c'est nouveau, ces petits lotissements individuels ? C'est quoi ?

Ah, ça existe depuis toujours ? Aaah, et comment ça s'appelle ? Le… « GNOUF » ? Ça sonne bien… Mais, c'est pas un geste que vous allez regretter, hein ?

Bon, ben écoutez, je pars de ce pas dans mon… « GNOUF ».

Il s'éloigne avec un clin d'œil.

Passez me voir à l'occasion !

L'ŒDIPE

Sonnerie du téléphone.

Non, maman, laisse, ça c'est pour moi.

Il se dirige vers le téléphone.

Non, laisse ça, c'est pour moi !...

Il s'arrête.

D'accord. Alors vas-y, décroche, toi.

Ah, qu'est-ce que je disais ? C'est marrant, quand même, hein, chaque fois tu me le... *(Il prend le téléphone.)*

D'une voix suave :
Allô ! Bonjour mon amour ! T'appelles d'où ? De Nice ?... Tu rentres quand ?... Attends, deux minutes.

Il lâche momentanément le téléphone.

À *sa mère :*
Maman, tu peux fermer la porte, s'te plaît ? J'suis au télé-

phone… Mais si, elle ferme. Pousse !… Bon, ça fait rien, laisse comme ça… Hein ? Non, c'est une fille que tu connais pas… J'te dis que tu la connais pas… Bon, elle s'appelle Nathalie. Voilà, t'es bien avancée, maintenant… Bon, tu permets ? Elle appelle de loin.

Il reprend le téléphone.

Allô ?… Non, excuse-moi, je… Je fermais la porte. Alors, qu'est-ce que tu racontes ? Tu sors beaucoup ? Tu m'trompes pas, j'espère !

Non, parce que moi, en ton absence, je suis, euh… comme un prêtre, hein !…

À *sa mère :*
Quoi ?…

À *Nathalie :*
Je te manque ?… Moi aussi… moi aussi, mais moi aussi…

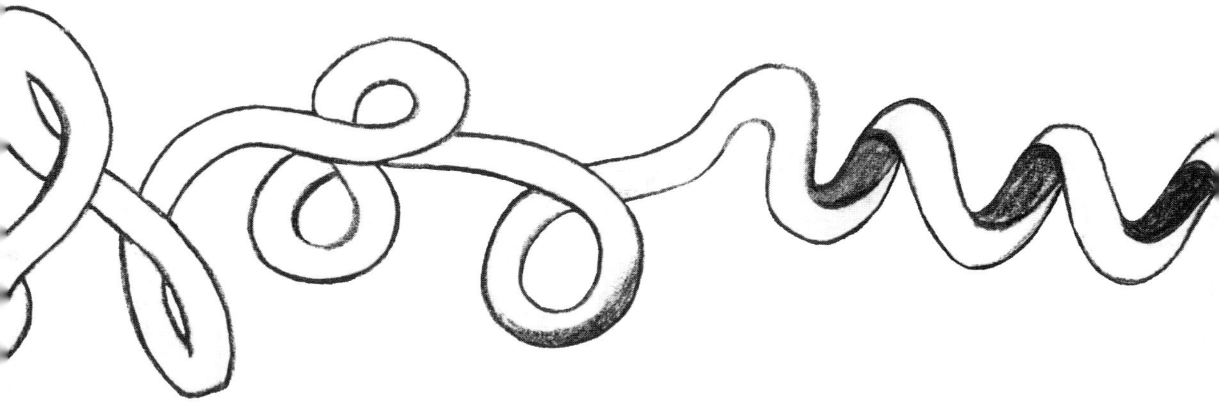

À sa mère :
Tu veux l'écouteur ?

À Nathalie :
Qu'est-ce que tu dis ?… Non, j'ai pas reçu ta lettre, non. Tu l'as postée quand ?… Lundi ? Ah oui, ça c'est pas possible…

À sa mère :
Maman, y a eu du courrier pour moi ?… Ben t'aurais pu l'dire. Alors, où tu l'as mise ?

D'accord. Alors, comment tu voulais que je la trouve, sous mon lit ? Non, je vais te faire le coup, pareil : ton courrier, je vais le mettre dans ton armoire, sous tes pulls !… Si, c'est pareil !

À Nathalie :
Bon, je l'avais, la lettre. C'est ma mère qui l'avait cachée.

À sa mère :
Si ! Si ! Parce que moi, j'appelle ça cacher ! De toute façon, j'retrouve plus rien dans ma chambre. Chaque fois que tu ranges, j'perds la moitié de mes affaires.

Un bordel, peut-être, mais un bordel…

À Nathalie :
Non, c'est pas à toi que je parle.

À sa mère :
Un bordel organisé ! J'sais que sous tel linge sale y a tel papier et ça me va très bien. Bon, maintenant est-ce que je peux être tranquille cinq minutes au téléphone ?… Merci.

À Nathalie, d'un ton abrupt :
Allô… *(D'un ton plus conciliant :)* Non, allô, excuse-moi : je mettais les choses au point avec ma mère.

Ah bon, t'es dans une cabine là ? Il te reste combien ?… Vingt francs ? Bon, c'est largement suffisant. Non, je sais, mais c'est elle qu'est toujours sur mon dos… Eh ben, j'imagine que la tienne, c'est pareil !

Ah oui, non, c'est vrai, elle est morte.

Dis-moi, tu rentres quand exactement, demain ?… Ben écoute, je viens te chercher au train… Oh, tu veux rire, j'ai rien à faire demain après-midi !

À sa mère :
Eh non, L'INSCRIPTION À LA FAC, je la ferai le matin ! Si, c'est ouvert, Jean-Luc y est allé. J'sais de quoi j'parle.

À Nathalie, sèchement :
Quelle heure tu m'as dit ?… 14 h 30 ? D'accord, j'y serai.

À sa mère, en hurlant :
LES PHOTOS D'IDENTITÉ ? J'y vais, justement ! Je sais m'organiser, quand même !

À Nathalie, sur le même ton :
Bon… Tu t'arrêtes, toi aussi ! Parce que, si ça m'emmerdait de venir te chercher, je te le dirais, quand même !… Non j't'engueule pas !

À sa mère, en essayant de se calmer :
Maman, j'en ai marre maintenant. C'est marrant, quand même, c'est chaque fois que je suis au téléphone que t'as plein de choses à me dire.

À Nathalie :
Bon, je suis désolé, Nathalie, hein. De quoi on parlait ?

Oui, le train. Bon, ben ça c'est réglé. Ensuite ? *(Sur un ton irrité :)* Tu m'aimes ?… Bon, moi aussi. *(D'un ton plus doux :)* Bon, moi aussi… Oui, moi aussi, je t'aime, voilà. Attends deux secondes.

À sa mère, consterné :
Qu'est-ce que tu fais ?… Tu fais ta gym ?… Tu peux pas la faire ailleurs ?… Bon.

À Nathalie :
Ben, c'est ma mère qui fait sa gym, maintenant. Ben là, juste à côté de moi. Non, non, mais moi aussi maintenant, quand elle téléphonera, je viendrai me laver les dents dans une cuvette, juste devant elle.

À sa mère :
Ben oui, je m'excuse, mais je trouve ça un tout petit peu indécent ! Eh ben oui, j'en ai marre que tu tournes autour de moi.

À Nathalie :
C'est pas à toi, que je parle, c'est à ma mère !

Hein ?... Quarante-deux ans.

À sa mère :
Oh, je m'excuse, c'est pas un secret ; tu fais pas plus... mais tu fais pas moins non plus... Non, ce que je veux dire, c'est que... c'est toi qui... Eh ben, le prends pas comme ça, c'est toi qui me pousses à...

(Exaspéré :) Oh là !

À Nathalie :
Oui, elle pleure ! Évidemment qu'elle pleure ! C'est un peu à cause de toi, d'ailleurs... Qu'est-ce que t'as besoin de savoir son âge ! Je te demande l'âge de ta mère, à toi ?

Il réalise qu'il vient de faire une gaffe.

Oh merde ! *(Au public :)* Sa mère est morte, elle en fait tout un drame.

Il reprend d'un air découragé la conversation avec Nathalie.

Allô... Quoi, toi aussi, tu pleures ?... Qu'est-ce qu'elles ont toutes à chialer aujourd'hui ?

Bon, écoute, rappelle-moi quand tu seras calmée !

Et il raccroche brutalement.

Elle m'énerve, je vais la larguer !

D'une voix radoucie :
Maman, tu... tu m'excuses pour ce que j'ai dit, t'à l'heure ?... Non là, heu... sur ton âge.

Tu viens, on va promener papa ?

LE MENSONGE

Il a un fort accent banlieusard.

Euh, pardon, m'dame, euh… J'peux vous voir cinq minutes là ?

Merci.

Bon, heu… Tout d'abord j'voudrais m'excuser pour avoir foutu un peu trop de bordel dans vot' cours. Mais, euh… j'suis assez énervé en ce moment.

Mais bon, OK, d'accord, c'est pas une excuse, euh… D'ailleurs, euh, c'est pour ça, euh… j'm'excuse.

Bon, et puis j'voulais vous dire que… le zéro et l'blâme que vous m'avez filés parce que j'ai pas rendu ma dissert, j'les ai mérités.

Non, mais j'veux dire, j'en suis conscient. Non, mais j'veux dire, déjà fallait la rendre y a une semaine ! Vous avez déjà eu la super-gentillesse de m'accorder une semaine en plus. J'ai été assez con pour pas en profiter. Tant pis pour moi. Zéro. Blâme. *(L'air « cool ».)*

Non, mais j'voulais vous dire que… J'vous en voulais pas du tout, quoi… *(Clin d'œil, sourire bête.)*

Bon, pis, euh… pouviez pas savoir…

Il regarde ses pieds, fait quelques pas, yeux baissés, mains dans les poches, l'air accablé.

Non, non, rien, des trucs personnels… C'est pas… Non non, c'est pas… Non, c'est avec ma famille, c'est… Non, mais c'est à moi de faire la part des choses. J'veux pas, j'veux pas vous emmerder avec mes trucs. J'imagine que vous aussi vous avez vos emmerdes, alors…

Bon, mais si j'vous le dis, vous me promettez de le garder pour vous. Parce que, j'veux pas qu'on me prenne en pitié à cause de ça !

Bon, ben, euh… c'est hier. Enfin, euh… c'est mon père. Y s'est un peu engueulé avec ma mère et euh… ça a plutôt tourné mal, euh… mon père il a pris la carabine, il a tué ma mère. Voilà.

Alors c'est sûr, ça a pas pris toute la soirée. J'aurais pu travailler. C'est-à-dire que, juste après, mon père il a appris que mon frère était pédé, il a tiré dessus aussi.

Il est vachement nerveux, mon père.

Ah, ben moi, je me suis caché dans la cave toute la nuit. Mais, c'est ça quoi, c'est l'ampoule qu'était grillée, j'ai pas pu travailler, et puis voilà.

Non, ça c'est pas vrai ! Ch'suis pas excusable pour autant. C'est des choses qu'arrivent ! J'veux dire que c'est des choses que j'aurais pu prévoir… Non, j'veux dire, j'avais toute la semaine pour la faire, la dissert. Alors, hein, euh…

Ouais, mais ça aussi, mais non, mais… euh… J'veux dire, euh, toute la semaine j'ai pas pu y aller dans ma chambre, quoi.

Mais non, mais c'est… c'est ma sœur.

C'est-à-dire que, euh… pour nous aider financièrement, euh…

È's'prostitue, quoi. Et comme, dans ces cas-là, j'ui prête ma chambre, pis cette semaine elle a fait une super semaine, j'ai pas pu m'y mettre.

Ah non, ça c'est ce que j'voulais pas ! J'étais sûr que ça vous ferait changer d'attitude à mon égard.

Faut que vous soyez forte. D'accord, c'est un peu spécial ce qui m'est arrivé, mais si vous commencez à faire une exception, si chacun y va de ses problèmes, vous allez plus coller de zéro à personne. Vous risquez même de perdre votre autorité.

Ouais, non. Vous me laissez mon zéro et mon blâme, y sont à moi. J'veux pas que ce que j'vous ai raconté vous influence.

Un temps.

Bon, c'est sûr que ce que j'ai vécu, euh… En plus, ma mère, si elle savait que c'est plus ou moins à cause d'elle que j'ramène un blâme…

Bon, j'veux bien que vous enleviez le blâme, mais vous me laissez le zéro ! Ça, c'est pour le principe. Et aussi pour que mon père se rende compte des conséquences de ses actes !

À cause de ses conneries ma moyenne va chuter. Mais bon, tant pis pour lui, bien fait pour moi. Il y réfléchira deux fois, la prochaine fois. De toute manière, y reste plus que ma sœur et moi…

Non, le seul truc qui me fait un peu peur quoi, c'est… Non, mais ça à la limite, ça vous concerne pas, quoi. Non, j'ai un peu peur qu'y me cogne quand j'ramène le zéro, quoi.

Ouais, y me cogne. Chaque fois que j'ramène une mauvaise note, d'ailleurs.

Ah, ça évidemment, si vous me filez dix, douze, y va pas me toucher ! Mais c'est pas très juste vis-à-vis des autres, parce que moi, j'ai rien foutu. Alors non, je ne veux pas… Ouais, non… j'aurais dû… non, ouais, non… Ou alors on coupe la poire en deux : onze !

Mais moi, j'veux vraiment que ça vous fasse plaisir, parce qu'autrement ça va me culpabiliser et… j'ai vraiment pas besoin de ça en ce moment.

Bon, merci. Vous le gardez pour vous, hein, ce que j'vous ai dit ?… Et pis, vous changez pas d'attitude envers moi, quoi… Bon, merci. Sympa.

LE MAGHRÉBIN

Tu sais que mon meilleur ami est… Maghrébin ?

Ça te choque pas, toi ?… Non, je dis ça parce qu'il y a des gens que ça choque. Non, de toute façon, toi, si t'es pas raciste, ça a aucune raison de te choquer.

Il est super sympa. On fait souvent la fête ensemble. Je vois pas pourquoi, sous prétexte qu'il est arabe, je devrais pas lui parler… Non non non non, mais y a des gens qui sont comme ça. Moi, je trouve qu'il n'y a aucune différence… Au contraire !

En plus, j'vois, il parle français, c'est tout juste s'il a pas l'accent parisien ! Tu fermes les yeux, t'as l'impression qu'il est comme nous.

Non, mais il EST comme nous, j'veux dire. Ça, c'est comme les Noirs, les Africains, aussi. Ils sont comme nous.

Malgré leur couleur, oui, bien sûr.

Ben oui, c'est toujours un peu à cause de la couleur que les Blancs ont tendance à croire qu'ils sont… supérieurs.

Mais bien sûr que c'est faux.

Moi, j'vois, des fois, Azzedine, il dit des choses très intelligentes. L'autre jour, encore… Oh, ben, « quoi » ? je sais plus, mais très intelligentes. En plus, il a la pudeur de pas le montrer.

Il est à la fac, d'ailleurs. Moi, j'trouve ça super. Maghrébin et étudiant, tu penses !

Mais je crois que sa mère est française, quand même.

M'enfin, on voit qu'il est arabe.

Et tu vois, moi, je suis toujours le premier à le défendre…

Ben, tu sais, y a toujours des mecs qui le traitent de « sale Arabe », euh, « bicot », euh, « melon »… En plus, « melon », c'est faux, parce que c'est un fruit qui vient d'Espagne, pas du tout du Maghreb ! Les gens sont pas censés savoir, on peut leur pardonner. Faut pas non plus…

En tout cas, j'sais que souvent, grâce à moi, il s'est évité de grosses bagarres. Oh oui ! Sauf une fois, parce qu'alors, vraiment, trop nombreux, j'ai préféré me casser.

Mais bon, c'est vrai que, lui aussi, il a un regard très insolent… Je comprends que ça puisse en énerver certains. Moi, ça m'énerve pas, je suis pas raciste. Mais je sais que je l'ai souvent mis en garde contre ça…

C'est-à-dire que, si moi je dis : « on est égaux »… ça passe. Mais si c'est lui qui le dit, ça énerve, je l'ai remarqué, je sais pas pourquoi.

Ben, tu sais, – attention, c'est vraiment parce que je l'aime beaucoup, hein, que je parle de lui comme ça, hein – je crois qu'il est bourré de complexes. C'est vrai que les Arabes, depuis qu'ils ont inventé les maths, ils ont plus fait grand-chose ! Alors est-ce qu'ils sont jaloux de tout ce que, nous, on a inventé depuis ?… Azzedine me dit que non. Moi, je veux bien le croire, c'est mon meilleur ami. Et puis, j'te dis, j'suis pas raciste. Mais qu'il la ramène pas trop, quand même, quoi !

J'espère qu'il a remarqué que, depuis qu'on est ensemble, je m'fais pas toujours regarder d'un très bon œil ! Bon, attention, je t'avouerai qu'on sort pas PARTOUT ensemble. Mais j'estime quand même qu'en remerciement des concessions que je fais, parce que j'en fais, il pourrait de temps en temps se faire un peu plus petit qu'il n'est.

Tu sais, déjà le fait de conserver ce prénom : Azzedine, c'est un peu de la provocation quelque part, hein ? Tu sais, quand tu dis : « Bonjour, je te présente Sylvie, Jean-Paul, et… Azzedine ! » Me dis pas qu'y cherche pas à se faire remarquer ! Encore une fois, moi je te dis : ça me gêne pas, j'suis pas raciste, mais c'est vis-à-vis des autres. Il a quand même la chance d'être dans un pays remarquable ! Qu'y tire pas trop sur la corde !

Ceci dit, il est très sympa !

Et tu vois, j'exclus pas… un jour… de le présenter à mes autres amis !

LE MYTHOMANE

Musique de La Boum.

– Pardon ? Non merci… Non… Non… Je ne danse pas.

Il s'assied.

Solange vient de me traiter de mythomane, moi ! !

Et pourtant… je ne voudrais pas faire croire que je me vante ou quoi que ce soit, c'est pas du tout le… Mais bon, je crois que Catherine Deneuve est amoureuse de moi.

Je ne l'ai pas encore dit à ma mère, parce que c'est pas un truc évident à vivre… Mais il va falloir que je le fasse avant que Catherine cherche à la joindre, quoi, c'est ça…

C'est vrai que j'l'ai un peu cherché, tout ça mais… bon, je pensais pas que ça irait jusque-là, quoi. *(Il prend un air grave.)*

Je suis assez emmerdé là, d'ailleurs, parce que Catherine va certainement m'envoyer une lettre et il va falloir que je réponde…

Et moi, je ne suis pas prêt à vivre quelque chose avec elle tout de suite.

Moi, je m'excuse, j'ai besoin de temps, pour être sûr qu'on est faits l'un pour l'autre, parce que si on fait une erreur, moi ça va, j'ai toute la vie devant moi : je m'en remettrai, mais elle…

Non, j'aurais dû rester avec Solange, qu'est-ce que je suis allé me mettre dans une histoire comme ça… Solange, elle a mon âge, elle est dans ma classe : c'était net, c'était tranquille…

Bon, c'est pas une star, d'accord… D'ailleurs, quand je lui ai raconté ma rencontre avec Catherine, elle s'est pas sentie de taille, hein. Ah non, elle a préféré s'incliner…

Bon, par pudeur, elle m'a fait passer pour un mythomane…

Oui, je comprends qu'elle refuse d'y croire. Moi-même…

Pauvre Solange ! !… J'ai bousillé sa vie… Et je suis peut-être en train de bousiller la mienne parce que, moi, ce que je ne veux pas, si ça se passe mal entre Catherine et moi, c'est que ça se répercute au cinéma, dans ses films, dans son boulot… Que tout d'un coup, elle se mette à mal jouer, parce qu'on s'est engueulés la veille du tournage, qu'elle ait du mal à apprendre ses textes, parce qu'après, les comédiens qui jouent avec elle vont m'en vouloir…

Et moi, j'ai pas du tout envie d'être en froid avec Philippe Noiret ou Alain Delon, que je ne connais pas encore, mais que je vais être amené à connaître, si je vis avec Catherine.

J'espère que sa lettre ne sera pas trop exigeante… parce qu'en plus, moi, je ne sais pas dire « non », je ne sais pas !

Non, j'aurais jamais dû aller dans ce restaurant, et puis c'est tout…

Mais moi, de la voir manger à la table d'à côté, ça a été plus fort que moi, à la fin du repas, je me suis levé et je lui ai dit que je l'aimais beaucoup, et je crois qu'elle l'a pris pour argent comptant, parce qu'elle m'a regardé, avec intensité, ah, elle cachait son émotion, c'était… Ça, c'est des choses que je vois très très vite, moi, chez les femmes…
Mais bon, elle s'est remise à discuter avec ses amis. C'est sûr, elle allait pas les quitter pour venir à ma table, mais ce qui l'a trahie, c'est que pendant tout le reste de la soirée, elle m'a pas décroché UN regard ! Et pourtant, je parlais relativement fort, non, elle s'empêchait de me regarder…

C'était, comment vous expliquer ? sa manière à elle de me faire comprendre que…

J'avoue que ça aurait été n'importe quelle femme, j'aurais pas relevé, mais Catherine, c'est vrai, j'étais pas insensible à ce… « non-dit »…

– Non merci, je ne danse pas.

Là où j'ai été bête, c'est qu'en lui filant mon nom, c'est comme si je lui avais filé mon adresse... Ben oui, je suis dans l'annuaire !

Je sais qu'elle va à une première demain au Palais des Congrès. Ça me fait peur d'y aller... C'est trop frais... Ça peut la rendre très heureuse comme ça peut lui faire beaucoup de mal...

En plus, après la soirée qu'on a passée au restaurant, on sera obligés de parler sérieusement... Et moi, j'ai peur de lui promettre des choses que je ne tiendrai pas...

Je vais y aller, je vais y aller, quelque part c'est écrit...

C'est à moi de me démerder... Et puis c'est tout, c'est pas plus compliqué que ça...

– Tu danses ?

Musique de La Boum.

Pauvre Hervé

T'as appris, pour Hervé ?... C'est moche, hein ?

Quand j'ai appris ça, je me suis dit... « Pauvre Hervé !... » On n'est pas grand-chose finalement, ça faut bien le dire ! Quand tu penses que ce type était en pleine forme cinq minutes avant de glisser sur sa serpillière et de se fracasser la tête contre l'évier ! Ça fout les jetons, de nettoyer son carrelage, merde !...

Tu sais ce que ça a été, mon premier réflexe ? J'ai brûlé toutes mes serpillières ! Tu sais, dans ces moments-là, on n'a pas de recul.

Pauvre Hervé !... Et Chantal qui voulait divorcer !...

Ah, t'étais pas au courant ?... Ah si si, moi, je le savais... Elle m'en avait touché un mot... Oh, tu sais, Chantal et moi on est très... Enfin, elle a bien fait d'attendre. T'sais qu'il avait laissé un testament ? Parce que je crois qu'il avait mis pas mal d'argent de côté, quand même…

Pour Chantal, c'est au moins ça ! C'est Chantal qui hérite ?… Oui. De tout ?… Oui, c'est ça.

Pauvre Hervé !… Trente-cinq ans, sportif… et PAF !

On croit toujours que ça n'arrive qu'aux autres, et puis, le jour où ça arrive aux autres, on se dit… : « Pourvu que ça n'arrive qu'aux autres ! »

C'est la bonne qui l'a retrouvé dans la cuisine ! Il paraît qu'elle criait, qu'elle criait, on pouvait plus l'arrêter !… Eh ben, tu sais, les Portugaises, elles crient très fort.

Mais, même, il paraît qu'elle en faisait un peu beaucoup…

Non, parce qu'après tout c'était QUE la femme de ménage ! J'veux dire qu'elle faisait pas partie de la famille !

À moins qu'Hervé ait eu quelque chose avec elle, je sais pas. Tu sais, Hervé, il s'empêchait pas de temps en temps quelques petites… euh… Enfin, je veux pas parler de ça en ce moment ! Mais enfin, il avait…

Bon, bon, on n'en parle plus…

On était très proches avec Hervé… On se voyait souvent…

On se rendait des services, y avait aucun malaise… Je lui avais prêté de l'argent récemment… Pas beaucoup, mais enfin…

Un peu, quoi…

Oh ben moi, tu me connais, par délicatesse j'en parlerai pas à Chantal…

Pas avant trois, quatre mois, qu'elle finisse son deuil, et puis après on verra…

Le pauvre, il pouvait pas prévoir.

Non, moi non plus, bien sûr.

T'y vas aux obsèques ?… Moi j'y vais, surtout pour Chantal, parce que moi, ça me… Je déteste ça, ça me déprime complètement ! J'espère que je serai pas au fond, comme la dernière fois, parce que pour la mère de Jean-Jacques, avec le micro du curé, j'entendais rien ! J'disais « Amen » n'importe quand !

T'y étais pas, toi, pour la mère à Jean-Jacques ? Ah non, ah oui, t'étais au ski, c'est vrai ! C'était bien, hein, l'église était pleine. Là, j'espère qu'il y aura du monde quand même, parce qu'une église à moitié vide, c'est triste quand même.

Enfin, même pleine, ça va être triste aussi.

Non, ce que je veux dire, c'est que, quand y a du monde, ça fait toujours plus… vivant ! Sauf un qui fout l'ambiance par terre, évidemment ! *(Il a un début de fou rire.)* Non, faut pas rire de ces choses-là !

Tu vois, ce qui est fou, c'est que Chantal disait toujours qu'Hervé, il foutait jamais les pieds dans sa cuisine. Ben le jour où il en met un, dis donc !…

Il va pas falloir la laisser tomber, Chantal… Il va falloir l'entourer sérieusement. Moi je sais que c'est quand même ceux qui restent qui sont le plus à plaindre, finalement… Parce qu'Hervé, maintenant… Oui, enfin moi, je sais que je la laisserai pas tomber… En plus, je me suis toujours senti très très proche de Chantal… Plus que de lui, à vrai dire…

Lui, c'est marrant, j'ai jamais vraiment… Et d'ailleurs, on était d'accord là-dessus avec Chantal.

Il était chiant, quoi ! Et puis pas généreux, tu sais. Pingre. L'argent que je lui avais prêté, ça faisait quand même SIX MOIS que j'attendais qu'il me le rembourse !

Alors, imagine que, par gentillesse, j'en parle pas à Chantal ?… C'est pas le problème, je vais lui en parler. Mais, mon fric… Pfft ! Tu comprends ?

Alors, c'est pour ça que… C'est surtout pour Chantal que je tiens à être là, présent. D'ailleurs, juste après les obsèques, je l'emmène une semaine aux Canaries pour qu'elle fasse le point, qu'elle mette tout à plat…

Et je crois que ça va nous faire beaucoup de bien à tous les deux.

L'OFFICIEL

Bon, Martine, on s'en fout un peu de ton brushing, hein ! Vaut mieux que tu sois mal peignée et qu'on n'arrive pas en retard à la séance !…

Dans le noir, tes épis, on les verra pas !

Non, mais il nous reste plus beaucoup de temps pour choisir le film, alors, si on se dépêche pas… François, t'as une idée de ce qu'on pourrait aller voir ?

L'HOMME À L'IMPERMÉABLE ?… Il paraît que c'est pas terrible ça, comme film, hein !

Non, mais Sylvie est allée le voir, je crois qu'elle a pas aimé… En même temps, elle venait de se faire larguer par Jean-Paul, alors évidemment… Autrement, y a *LES ESCARGOTS MEURENT DEBOUT* !… Ah, tu l'as déjà vu, toi ? Bon ?…

C'est malin… Ça te dit pas de l'revoir ? Ben non, bien sûr…

Non, mais je sais pas, des fois…

Bruit de feuilles qu'on tourne, et ce, jusqu'à la fin du sketch.

Tiens y a *CHICAGO STORY* qu'on pourrait aller voir !… Mais si, c'est le même mec qu'a fait *UN ÉTÉ CHEZ SOPHIE* ! Je crois que ça doit être très très bien ça, comme film !… On peut ?… Bon, ça vous dit pas plus que ça, d'accord !

Bon, faut qu'on se décide, hein, parce que si chacun y met de la mauvaise volonté…

Non, y en a pas que trois, y en a d'autres mais j'vais pas vous lire TOUT *L'Officiel* non plus, hein ?… C'est quoi ça, *ROX ET ROUKY* ?…

Ah oui, non, pardon !…

Un *TRINITA* ? Ah oui, ça c'est pas con ça, un *TRINITA* ! Ah ben écoute, j'en ai jamais vu !

Alors, ça se joue ?…

T'aimes pas les westerns, toi ? C'est nouveau, ça !… Tu dis n'importe quoi, t'as adoré *UN SHÉRIF À NEW YORK* ! Ah, c'est à cause de… New York, que t'aimais bien ?… Ah bon…

Ah bon, là évidemment !…

Bon, ben, désolé, *TRINITA À NEW YORK* c'est pas encore sorti, hein ! Bon, ben autre chose ! Bon, ben propose, toi, puisque t'es si forte pour dire « non » quand on choisit !

Paul et Katia ? Qui c'est, ces deux-là ? Ah, le film *PAUL ET KATIA* ça existe ?… Ah oui, 20 h 20, *PAUL ET KATIA*…

« La solitude d'une femme après son divorce… » Mouais… François ?… Oui, ben comme moi ! Tu nous excuses mais

Paul et Katia ça nous branche pas tellement, hein ! Non mais… c'est sûr qu'il y en a un de nous trois qui va devoir faire des concessions ! On comprend que les films de guerre ça t'intéresse pas, mais nous, la pleurniche pendant deux heures, c'est pas non plus not'truc, hein !

Bon, ben on se décide, parce que y en a marre maintenant !

Ça y est, impeccable, voilà, j'ai trouvé, la soirée est sauvée ! y a la deuxième partie de *Jean de Florette*… qui se joue à deux… à deux pas d'ici en plus… Ça, quand on a vu le premier, on peut pas louper le second ! Vous l'avez pas vu, le second, au moins ?… Ni le premier !…

D'accord, j'ai rien dit ! Bon, moi, pour tout vous dire, je commence à voir flou un peu dans ce programme ! Si ça vous dérange pas, la prochaine fois, on s'y prendra très tôt le matin !

J'm'énerve pas, je m'inquiète ! Je trouve qu'y a pas un super esprit d'équipe dans le groupe !… C'est tout !…

Le Grand Bleu ? Ah ben oui, *Le Grand Bleu*. Ah ben, depuis le temps qu'on m'en parle…

À Martine :
Ça te branche ?… Oh ben, madame est trop gentille ! Non mais tant mieux, tant mieux, tant mieux, tant mieux ! Alors, *Le Grand Bleu*, où ça ? quand ça ? on y va !

Je vous cache pas que je commençais à désespérer… Dernière séance : 19 heures, il est 20 heures, bien joué ! Je vous avouerai que j'ai un *a priori* négatif sur ce début de soirée, hein !

Bon ce qu'on va faire, c'est qu'on va en prendre trois au hasard, on va en choisir un et puis barca !

Je vais le faire les yeux fermés, tu vas voir, je vais tomber sur quelque chose qui va plaire à tout le monde !... Attention, choix... n° 1... (*On entend son doigt tomber sur le magazine.)*

OUVRE LA F'NÊTRE QUE J'TE METTE (*Rire gêné.)*

En même temps, celui-là, on est sûr que personne ne l'a vu !

Non, mais on... J'en prends un autre, j'en prends un autre, j'en prends un autre...

Bon, alors, re-premier choix... *(bruit du doigt sur le magazine)* AUTANT EN EMPORTE LE VENT ! Bon, là carrément, c'est le contraire, faut être con pour pas l'avoir vu celui-là !... Ah, excuse-moi, François !

Non, mais d'habitude les gens l'ont vu, c'est pour ça que... Non, mais on le garde, celui-là, on le garde !

Alors, deuxième choix... ALICE AU PAYS DES MERVEILLES... *(Ton navré :)* Super. Et troisième choix... *(bruit du doigt sur le magazine)* MON CURÉ CHEZ LES PLOUCS... *(Silence.)* Et si on se faisait un plateau télé tout simplement ? Ce serait mieux, non ? On va se faire ça, ça va être beaucoup plus sympa ! Voyez, on se serait précipités dans n'importe quelle salle pour aller voir n'importe quoi : on se serait énervés pour rien !...

Alors..., quelle chaîne on regarde ?

LES EXTRATERRESTRES

JE TE DIS QUE JE LES AI VUS !

Je sais, ça paraît complètement dingue. En plus, tu sais que, moi, je suis pas le genre à… Mais là je les ai vus, hein !

Ben oui. Avec leur soucoupe volante, oui… Comment tu sais ?

Non, te moque pas de moi, j'te jure, ils ont atterri dans mon jardin. En plus, c'est vrai que depuis que j'ai fait couper les arbres, y a plein de place. J'y avais pas pensé.

Ben y sont arrivés… Lundi. Ils sont repartis hier. T'imagines ? À qui je peux raconter ça ?

Ben non, je t'ai pas appelé, je t'ai pas appelé… Eh… Eh… Ça s'est passé tellement vite, ces quatre jours !… Et puis moi, je les connaissais pas. J'allais pas leur imposer quelqu'un, tu comprends ?

Ben… Ils étaient quatre. Enfin, cinq avec leur gognol.

Ben… Le gognol, c'est… c'est l'équivalent du chien, si tu veux, sur leur planète. Eux, ils prononcent « gougnoul », mais ça s'écrit « gognol ».

Moi, tu vois, au début, j'ai cru que c'était une blague ; tu vois, des copains qui s'étaient déguisés… Mais pas du tout ! C'était quatre gnomes, avec six bras devant et quatre pieds derrière.

Il mime.

Plus un gognol.

Ah oui, ils parlaient français, oui. Ils avaient appris la langue, je sais pas comment. C'qui est drôle, c'est qu'ils avaient un accent du Sud. Tu sais, ils avaient dû s'arrêter à Toulouse avant, ou à Montpellier. C'était très bizarre.

Leur planète ?… Ah, j'ai oublié le nom. Ils m'ont expliqué où c'était, mais j'ai écouté qu'à moitié… J'irai jamais, de toute façon. Je sais que c'est à huit heures de Paris en soucoupe.

Alors, moi, si tu veux, au début, j'étais pas contre, de les héberger, mais j'avais qu'une chambre d'amis !… Alors on s'est démerdés comme on a pu, mais ça a été un peu le bordel pendant quatre jours quand même !

Ceci dit, très sympas ! Ils faisaient leur chambre, leur vaisselle, pour ça j'ai rien eu à dire.

Y a qu'un jour où le gognol a été malade. Je sais pas ce qu'il avait bouffé et il m'a gerbé PARTOUT dans la maison. Et ça, du vomi de gognol… J'ai eu du mal à rattraper ma moquette !

Ils voulaient me rembourser, c'était adorable ! Mais, va changer du klotron, à la banque !

Oh, un soir, on a rigolé, parce que Figzor, le plus jeune, il savait pas ce que c'était qu'une brosse à dents – t'sais, c'est normal, ils ont pas de dents –, et il avait confondu ça avec une fourchette. Alors, on commence à manger…

Ça, je m'en rappellerai… Tout d'un coup, je vois mon Figzor qui sort sa brosse à dents et qui commence à manger la brandade !… On a ri ! On pouvait plus s'arrêter !

En plus, eux, tu sais, quand ils rient, c'est pas sonore du tout : ils clignotent. Alors on se serait cru dans une boîte de nuit, c'était très sympa.

Ah, ça on s'est fait des soirées sympas, hein ! Par contre, la femme de ménage…, décevante ! Les jours où ils étaient là… euh… pas sympa avec eux ! Distante… À la limite de la courtoisie… Je crois qu'elle est un peu raciste… Même, à la fin, elle nous a tellement énervés, Ragzor a désintégré son Solex.

Il rit.

Là elle a fait la gueule, hein ! Je sais pas si elle va revenir. Tu vois, c'est pas qu'ils me manquent, parce que, bon, c'est vrai qu'en quatre jours, avec toutes nos différences, on n'a pas vraiment eu le temps de sympathiser, mais je serais pas mécontent de les revoir.

Ému :
Bon, évidemment, sur le départ on s'est promis plein de choses, qu'on allait se revoir, etc. *(Soupir.)* Moi j'y crois qu'à moitié, j'veux dire, ils visitent tellement de planètes, eux…

Mais, j'vais leur écrire, ça c'est sûr.

D'ailleurs, ils m'ont filé un appareil pour leur écrire. Oh ben, un vieux synthétiseur d'images intergalactique, tu vois, dont ils se servaient plus, mais qui marche encore... Le seul truc embêtant, c'est qu'il faut graver les messages sur des plaques de cristal, ça prend énormément de temps.

Par contre, la prochaine fois qu'ils viennent, alors là je t'invite !

Pardon ?... Non, j'me fous pas d'ta gueule. Pourquoi tu dis ça ?

Si, c'est vrai, mon histoire. Pourquoi tu m'crois pas ? T'es jaloux parce que c'est pas chez toi qu'ils ont atterri, c'est ça ?

Quoi, « menteur » ?... Non, je suis pas un menteur.

Pourquoi ça pourrait pas m'arriver, à moi ?

Pas toujours toi qui connais du monde !

Laisse-moi ! J'te parle plus !

Il se détourne et s'en va.

LA SÉDUCTION

Au restaurant.

Mademoiselle… Je tiens à vous rassurer : je ne vous draguerai pas ! Voilà.

Non, je vous dis ça parce que, vu de l'extérieur, toutes les conditions sont réunies pour que je vous fasse un grand numéro de charme ; j'veux dire, vous êtes une très belle femme, vous dînez seule au restaurant, moi-même je ne compte pas parmi les plus moches… Je crois même que je plais beaucoup, et, comme par hasard, je me suis mis à côté de vous. Alors, que ce soit bien clair : c'est une pure coïncidence !

Non, je sais, vous n'avez rien dit, mais c'est dans le souci de vous tranquilliser que je vous annonce que je n'ai aucune intention… de vous ramener chez moi par exemple… Par exemple.

Bon appétit !

J'espère que vous ne l'avez pas pris mal, hein, ce que je vous ai dit ?... Bon, je vous laisse manger, alors...

Il consulte un instant le menu, puis :
À la limite, je peux même vous rendre ce service : si un type vient vous importuner, ça ne me dérange pas outre mesure que vous me fassiez passer pour votre petit ami, je jouerai le jeu... et je comprendrai parfaitement. *(Petit rire.)*

Vous avez pris quoi ?... Non, à manger, vous avez pris quoi ?

Tomates-concombres ?... Ah oui, mais moi, j'aime pas les crudités.

Il se replonge dans le menu.

Avocat-crevettes, ça doit pas être mal, ça... Je dis : avocat-crevettes, ça doit pas être mal, ça...

Ben non, vous savez pas, bien sûr... Écoutez, je vais prendre ça !

Et puis, hein, qu'est-ce qu'on risque ?

Il rit bêtement.

Ensuite, vous avez pris quoi ?... Non, mais ça peut m'aider dans mon choix...

Confit de canard ? Oh là là, non ! Trop lourd !... Enfin, vous prenez ça si vous voulez, mais moi, j'peux pas ! Non, moi, je vais m'arrêter sur des brochettes de volailles... Moui... Voilà...

À la jeune femme :
Je vais prendre avocat-crevettes d'abord, et ensuite brochettes de volailles. Oui non, pardon...

Au garçon :
Je vais prendre un avocat-crevettes d'abord et ensuite des brochettes de volailles. Et un quart de rouge. Et vous offrirez un apéritif à mademoiselle…

À la jeune femme :
Vous n'en prenez pas ?…

Au garçon :
Bon, alors non, finalement, on va pas prendre d'apéritif !…

À la jeune femme :
C'est vous qui décidez, hein !
(Rire bête.)

Un temps.

Si pour faire fuir les raseurs, vous préférez que je dîne à côté de vous, c'est pas un problème, hein ! Non ?… Je comprends ! Finalement, vous n'êtes pas contre le fait de vous faire accoster ?… Non plus ?…

Bon, ben, écoutez, si vous me cherchez, moi, je suis là ! Je bouge pas.

Il replie le menu.

Bon, ça j'en ai plus besoin…

Non, parce que je sais qu'y a des mecs qui doutent de rien, hein… J'ai vu de ces trucs, dans des restaurants ! Et c'est pour ça que, souvent, je me permets d'intervenir, parce qu'alors, dès qu'une femme est seule, elle se fait emmerder !... Vous aussi, vous avez remarqué ? Moi, ça me met hors de moi ! Un mec seul, non. On le laisse tranquille. D'ailleurs, vous avez remarqué, depuis que je suis arrivé, personne ne m'a abordé !...

Mais je sais que, dans la tête de la majorité des mecs, une femme seule est une femme disponible, ET C'EST FAUX !

J'veux dire, vous, je vous vois, vous êtes seule, mais si ça se trouve vous attendez quelqu'un ! Si ça se trouve, vous vous êtes fait larguer. Si ça se trouve, vous êtes lesbienne. Je veux dire, euh... le pourcentage de chances pour que vous soyez ici pour vous faire draguer est minime ! C'est quoi, c'est dix, quinze pour cent ?

Oui, zéro peut-être, pourquoi pas... faut pas exagérer non plus... Mais je sais que les types, y s'en foutent : y pensent qu'à eux ! Ils font du « rentre-dedans », pardonnez-moi l'expression !

Non, mais faut en parler, de ça. Si vous réagissez pas, vous allez vous faire bouffer toute crue !...

Tiens, mon avocat-crevettes... Manifestement, tomates-concombre, c'est plus long.

Oui, ça me fait rire, moi je sais que je mettrais plus de temps à faire l'avocat-crevettes que des tomates-concombre. Enfin bon...

Tout ça pour dire qu'...y faut vous protéger !... Mais enfin, vous, manifestement, vous ne vous êtes pas trop fait emmerder, hein, parce que… faut quand même avoir du culot pour faire ce que vous faites !

Si, excusez-moi, mais je veux dire, il est dix heures du soir. Vous êtes seule à table. On peut pas dire que vous soyez habillée en bonne sœur… C'est aussi un peu de la provocation !

Non, je dis pas que c'est conscient, mais…

Non, mademoiselle, s'il vous… Non, mademoiselle ! Mademoiselle, s'il vous plaît ! N'essayez pas de vous réfugier derrière une innocence machiavélique…

Vous partez ? Qu'est-ce qu'y a ? j'ai dit quelque chose qu'y fallait pas ?

Je… vous emmerde ? Mais c'est qu'elle monte sur ses grands chevaux !… Mais, si je vous emmerde, sachez que vous m'emmerdez, vous aussi !

Pouffiasse !… Traînée !… Ouais, c'est ça, casse-toi ! Ouais…

Putain, je le crois pas ! On peut pas bouffer tranquille sans se faire agresser par des bonnes femmes en chaleur !

LES NOUVEAUX BUREAUX

Il entre en scène avec un attaché-case et va s'asseoir confortablement. Il parle avec un accent pédant en traînant sur les mots. Il affiche un air décontracté.

J'suis vachement content là, parce qu'on vient de finir d'installer les nouveaux bureaux. C'est superbe ! Ça a coûté un peu cher parce que, bon, c'est sur les Champs-Élysées, hein, et puis on a quand même pris deux étages, c'est énorme, mais... euh... *(petit rire)* ça a de la gueule ! D'toute façon, vu le projet de société qu'on veut monter, fallait ça ! Tu sais, tout c'qui y a autour, ça a de l'importance... Et là *(petit rire)*, ça a de la gueule !

Ben, non, tout le deuxième étage, dans un premier temps, y va pas servir. Tu sais, on commence juste, hein. C'est plus un investissement sur l'avenir, si tu veux, qu'aut'chose. J'veux dire, le jour où on en aura besoin, y sera là, quoi !

Non, et puis le premier étage est déjà vachement fonctionnel, hein !

Ben, y a six pièces, hein, quand même !

Un bureau pour moi, un pour mon associé – tu sais le type qui a mis l'argent dans l'affaire – et... ben, comme il restait quatre pièces, du coup on a pris deux secrétaires chacun.

D'toute façon, vu le projet de société qu'on veut monter, euh... on va vite en avoir besoin...

Bon, alors, on a télex, fax... Bon, téléphone, bien sûr.

Trois lignes chacun. Tu sais, des fois, quand t'as trois appels différents..., c'est pratique. Et puis, bon, j'vois, quand on va avoir des correspondants à l'étranger... Ou même en province... Pour communiquer, euh... c'est pratique, euh... c'est super.

Ben non, la société elle a pas vraiment commencé. Tu sais, faire les bureaux, ça a pris du temps quand même. Mais j'vois, c'est bien, parce qu'hier soir on a à peu près décidé l'idée directrice de ce qu'on veut faire, et si tout va bien, je pense qu'on devrait vite devenir un groupe ASSEZ important, tu vois...

D'ailleurs, on l'a marqué sur les cartes de visite, je t'en filerai une :

PROGIR INTERNATIONAL
IMPORTANTE SOCIÉTÉ

Ouais, **PROGIR**... Ben, lui, parce que sa mère habite en **PRO**vence, et moi, parce que la mienne habite en **GIR**onde...

Alors, l'un dans l'autre... Enfin, bon.

J'suis vachement content, parce que derrière mon bureau j'ai un fauteuil en cuir qui tourne, c'est hyper confortable ! En plus, y a une télé, un magnétoscope, là on a mis le paquet !

Ben, des clients ? Tu sais... ça fait que six mois qu'on a commencé, hein... C'est-à-dire, pour l'instant, plus des clients potentiels qu'autre chose... C'est-à-dire qu'on a eu deux appels. Enfin, UN, parce que le premier, c'étaient les Télécom qui vérifiaient que la ligne était branchée ! Mais... le deuxième, un type qu'avait l'air vachement intéressé. Mais ça, euh... c'est le fruit d'une super pub. Ça a coûté cher, mais le résultat, il... il... il est là !

Ben, comme pour l'instant on n'a pas ciblé un truc précis, on a mis... Bon... « **PROGIR INTERNATIONAL** », c'est normal. « *Société multiservices divers en tous genres.* » On a rajouté : « *Ingénierie d'application immédiate* ». Tu vois, ça, ça dit des choses. Et en dessous, en gros, on a mis :

VOTRE PRÉOCCUPATION,
C'EST LA NÔTRE AUSSI !

Là, le type au téléphone, il était comme un fou, tu vois... Enfin... il se renseignait, quoi... Alors on lui a demandé ce qu'il cherchait... Alors là j'ai pas trop compris... Un truc d'exportation, ou je ne sais quoi...

En plus, il avait un accent... Enfin, on lui a dit que c'était possible, quoi !

Alors là, on lui a expliqué les moyens qu'on avait : les deux bureaux, les quatre secrétaires, le télex, l'interphone en bas, et là, je crois que c'est là que je l'ai ferré, parce que…il a réfléchi un peu, et… il a dit qu'il rappellerait.

Du coup, on a acheté des répondeurs, pour si jamais il appelle entre midi et deux.

Là, je crois qu'on risque de faire un gros coup là !

Ben oui, on fait une pause entre midi et deux, parce que c'est un rythme qu'on veut prendre, en prévision des jours où on en aura vraiment besoin. Bon, là on commence juste, tu vois, donc c'est plus… pour la forme…

Et aussi pour avoir des horaires de bureau décents, parce que moi j'veux pas non plus CONSACRER ma vie à mon boulot, tu comprends ? Parce que c'est vrai qu'un jour j'aurai certainement une femme, et des enfants, et moi, je veux pas passer à côté du plaisir de les voir grandir, tu vois ? Ça non !

Alors c'est pour ça que, quand vient la pause, je pense à tout ça… et je me rends compte qu'elle devient indispensable. Parce que, faut avoir les épaules solides, tu sais. Parce que PDG, c'est pas juste un titre ! Parce que, quand je vois la tension nerveuse qu'il y a au bureau alors qu'on n'a pas UN client…, j'imagine ce que ça va être dans quelque temps, hein !

C'est pour ça qu'un jour je peux très bien sortir du bureau… Être un peu à bout… Et te croiser…
Et pas te reconnaître…

M'en veux pas.

L'HÔPITAL

Aaah ! je reviens de l'hôpital, j'suis crevé ! J'ai passé l'après-midi avec Julie à lui remonter le moral, du coup c'est moi qui l'ai plus.

Ah, non, non, ça s'arrange pas. Non, oh là là !

Puis alors, parti comme c'est, elle en a encore pour des mois là, hein !

Non, et puis alors, ça se surinfecte. Ils lui font analyse sur analyse, elle repasse sur le billard dans quatre jours. J'ai vu les radios, j'ai rien compris, mais alors, c'est vrai, y a plein de taches partout, c'est une horreur !

Ça, j'échangerais pas ma place contre la sienne !

Non, et puis j'l'adore, mais… elle se rend pas compte ! Moi, je peux pas rester avec elle vingt-quatre heures sur vingt-quatre, tu comprends ? On se relaie avec Martine, mais on n'en voit plus la fin !

Moi, tu vois, des fois, ce genre de maladie, des fois je me demande si c'est pas plus dur pour les autres…

Parce que, bon, elle, d'accord, elle est malade, d'accord, c'est dramatique. Mais des fois j'me demande si elle pense à ceux qui sont en bonne santé… Et qui se tapent des six heures de veille avec elle, avec les odeurs d'éther et les gémissements dans le couloir.

Parce que, moi, je fais tout pour rester en bonne santé, tu comprends : je fais attention à ce que je bouffe, j'fume pas, j'bois pas, je fais du sport… Si c'est pour passer mes journées à l'hôpital !… *(Rire désabusé.)* Je profite plus, moi ! Non, et puis elle m'épargne pas, hein.

Elle te raconte tout ce qu'ils lui font : les histoires de tuyaux, de greffes, de prises de sang… D'accord, ça la soulage, mais alors moi j'ai l'impression de le vivre ! Moi, je lui parle pas de mes problèmes de fric, tu comprends !

Non, mais au bout d'un moment, on se demande si elle n'est pas un peu sadique. Quelque part, il faudrait qu'on soit TOUS malades. Alors moi, ça va un moment, et puis après ça me gonfle, hein ! Je vais pas me mettre des perfusions par solidarité !

Moi, quand j'ai eu la grippe, j'ai emmerdé personne. Non, d'accord, c'est moins grave, mais c'est la même démarche.

Et puis alors, elle ne parle que d'elle, que d'elle !

Moi, j'vois bien, cet après-midi j'ai essayé de lui parler de mes vacances en Espagne. Ça l'intéressait pas ! Évidemment, elle, elle pourra plus faire aucun voyage, alors tu penses, l'Espagne, si elle s'en fout !

Ah non, elle pourra plus faire aucun voyage, non. Non, le médecin m'a dit : « Même si elle s'en sort, faudra qu'elle reste près de Paris… »

Ben oui, c'est atroce, c'est bien pour ça que je dis trop rien, d'ailleurs, mais… je sens que je vais réduire mes visites, hein. En plus, là ils l'ont mise dans une chambre avec un type qui s'est fait écraser par un camion. J'sais pas comment il a fait pour s'en sortir ! C'est… gerbant !

Ben, non. Jean-Jacques, il l'a pas… quittée. Comment t'expliquer ? Jean-Jacques, il a toujours été très indépendant, Jean-Jacques… Et puis, bon, faut bien qu'il pense un peu à lui. Imagine qu'elle, elle reste un an à l'hôpital, lui, qu'est-ce qu'il fait ? Il rentre dans les ordres ?

Bon, et puis, dans la vie, y a un jour où… tout se paye.

Parce que, la Julie, ça a pas toujours été une sainte non plus, hein…

Non, non, mais si tu connais pas l'histoire, c'est pas à moi de te la raconter… Mais, crois-moi… Tout n'est pas blanc, tout n'est pas noir…

Ceci dit, c'est vrai que c'est atroce ce qui lui arrive. Et même si, y a deux ans, elle a trompé Jean-Jacques avec Vincent, eh ben, ça méritait pas ça !

Ben merde, ça y est, j'te l'ai dit !

Mais va la voir, toi, ça lui fera plaisir.

Par contre, un truc : n'apporte pas de fleurs !

Elle les offre aux infirmières !

L'AMNÉSIE

Cet été... j'ai vu une pièce à Avignon... fabuleuse ! *(Il cherche le titre.)*

Euh... *L'homme qui disait « stop »*. Ça m'a... cloué ! Ah, le type qui joue Popaul là-dedans est GÉNIAL ! À un moment, il... il... il court... vachement vite, c'est impressionnant !

À mon avis, c'est un comédien dont on va entendre parler, hein !...

P't-êt' que vous le connaissez d'ailleurs – parce qu'il est pas très connu – c'est... euh... allez ! euh... Ça y est, je m'en rappelle pas... François... Fréde... Fredereuh... Ahahah, merde, je l'ai sur le bout de la langue...

Excusez-moi, hein, ça va me revenir... C'est un prénom en Fre ou... Fra... ou... Fré... Fre... Euh... Euh... Fre... Fra... Français en tous cas, hein !... Ah ! C'est pas vrai ! Il a joué dans un film avec Évelyne Pontet qui s'appelait : *Passe devant, j'te suis*... ou *Cours devant, j'te suis*, bon, bref, peu importe, c'est lui qui annonçait à... Évelyne Pontet que... son mari était... mort...

Oh que c'est pénible c't'histoire !... Oh, et puis je sais pas si vous êtes comme moi mais moi, si je trouve pas le nom, je peux plus rien faire, hein...

J'me suis bousillé des journées entières à cause de conneries comme ça...

Fran... Fran...cis *(Il fait la moue.)* Non ! Et son nom de famille, c'est Chamat, euh... Chom... euh... non, Cham... Cham...

Le début du prénom c'est Freu... et le début du nom c'est Cheu... je devrais trouver quand même !

Le mec s'appelle Fr... mmm... Ch... mmm...

Ça dit rien à personne ? Non, bien sûr !

En plus, et ça je l'ai appris après, c'est un parent éloigné d'un de mes copains d'enfance ! C'est drôle, hein ?

Qui s'appelait... Olivier... euh... euh... non, je confonds avec Olivier Claverie, ça c'est un autre... Le mec, ça y est, il s'appelait...Ooooh décidément !

Mais si ! Il était avec moi en terminale ! J'connais que lui ! Il sortait avec la prof de français en plus ! Ou la prof d'histoire ? J'sais plus... la blonde, c'était laquelle ? Non, non, c'est ça, c'était avec la prof de franç... d'histoire, je sais plus ! Madame... Malga... Mal... Madame Mald... Malna... Mal... Madame Malg... Madame Malm...

Noon, ch'suis nul... En plus, je l'ai revue il y a un mois à la FNAC et elle m'a dit : « Bonjour, je suis madame... Malg... Mald... Maln... »

(Il l'imite :) Oui, elle m'a fait : « Bonjour, je suis madame Malg... » Bon, j'demanderai à Christophe, parce qu'il était avec moi ce jour-là, donc c'est pas la peine de... ! Non, d'ailleurs, c'était avec Caroline que j'étais ce jour-là, oui, c'est ça... C'était avec Caroline, euh... Caroline, euh... Caroline, euh... Machin, euh... la fille de ma voisine, madame, euh... *(À mi-voix :)* Son numéro de téléphone c'est le 40 26 37 15 et c'est madame... Oh m'enfin, qu'est-ce que j'ai aujourd'hui ? D'habitude j'ai une mémoire de... lion !... *(Articulant lentement :)* Ma voisine s'appelle madame... *(Pause.)* En plus, elle est chiante, cette bonne femme ! Autant sa fille est sympa, mais elle... ! Avec son chien qui mord tout le monde, que je suis obligé de sortir de chez moi en cuissardes !... Comment il s'appelle ce bâtard déjà ?... Jean-Paul Thévenin ! Voilà, ça c'est le copain qui sortait avec la prof de maths ! Ça y est ! Je l'ai !

Alors pourquoi je m'intéressais à lui déjà ?... Ah voilà, parce qu'il... il... travaillait à la FNAC, c'est ça... Non, pas du tout !... Je sais, je sais ! Me dites pas ! y a une pièce fabuleuse qui s'appelle *L'homme qui disait « stop »*, dans laquelle joue Fre quelque chose, Che quelque chose... qui est un parent éloigné de Jean-Paul Thévenin, – *(en aparté)* ça c'est encore à prouver !

Bref, Jean-Paul Thévenin qui sortait avec madame Malga... Malga... Malb... que j'ai rencontrée il y a un mois à la FNAC avec Caroline Machin, la fille de madame… Truc, c'est pas son nom mais ça lui va bien, qui a un chien qui mord tout le quartier !… Voilà !

Et on est rudement bien avancés avec ça, hein !… La vache ! Moi j'm'en fous, je ne continue pas le spectacle tant que je n'ai pas retrouvé TOUS les noms !…

Je vous ai dit Jean-Paul Thévenin ?… C'est pas ça !

C'est pas ça, parce que Jean-Paul Thévenin, c'est le mec qui sortait avec ma sœur…, Hélène, euh… euh… Palmade, je suis con !… ou Claire Palmade… ou Hervé Palmade… Nooon, ma mère se s'rait pas trompée à ce point-là !…

Excusez-moi, j'ai un grand moment d'absence là, hein… mais je sais pourquoi, hein, ah ben, je sais pourquoi, c'est parce que ce soir je n'ai qu'un seul nom en tête : c'est GENEVIÈVE POULIE [1] !

1. La chute fait référence au sketch d'introduction de mon spectacle *Passez me voir à l'occasion…*, où je m'inquiétais de l'absence d'une certaine Geneviève Poulie.

LE SCRABBLE

écrit avec Georges Akouka

Non, Liliane ! [O][X], ça n'existe pas ! Oui, non, d'accord, ça t'aurait fait 30 points avec « le mot compte triple », mais… ça n'existe pas !… [X][O] non plus d'ailleurs !…Ça, de toute façon, c'est sûr qu'avec ta gueule, on peut pas aller bien loin, hein… Quoi ?… Mais non… je dis simplement que t'as mis [G][U][E][U][L][E] en travers du jeu et ça bloque tout le monde ! Tu fais de l'anti-jeu, Liliane !

À chaque fois c'est la même chose !

Bon ben, joue, Alexandre ! Qu'est-ce que t'attends ?

À part :
Il est comme ça, lui, il est comme ça… *(Il mime une personne affalée.)*

[E][R][R][E][C][T][I][O][N] ? Non, un seul [R]… Ben t'en enlèves un !

Comment tu connais ce mot, toi, d'abord ? *(Au groupe :)* Comment y connaît ce mot, lui, d'abord ? Eh ben dis donc, à onze ans, ça promet !

Bon, ben, 1, 3, 4, 5, 7, 8, 9, 11 pour Alexandre.

Hein ? « Mot compte double » ? Bon, ben, 22 pour Alexandre.

Bon, ben ça va, ça va... Tu veux qu'on ouvre une bouteille de champagne ?

Bon, allez, à moi... Bon, déjà j'ai que six lettres, c'est pas normal ! Véro, passe-moi une lettre.

Il regarde la lettre :
D'accord... la prochaine fois, je la choisirai moi-même...

Il regarde son jeu.

Bon sang ! Il me manque un M et un T, et je faisais un super mot !... Ah, c'est chiant ! J'avais le M et le T et je faisais MIJOTER avec l'ERECTION d'Alexandre !

Pourquoi tu ris, toi ?... Ah oui, c'est vrai, t'es en plein âge bête, ah oui, d'accord...

Il renifle.

Y a une drôle d'odeur ici, vous trouvez pas ?... J'sais pas, ça fait un p'tit moment que... Enfin, bon, c'est pas grave.

Oui, ça arrive ! Deux minutes ! T'as un train à prendre ? C'est un jeu de réflexion, alors, moi, je réfléchis...

Pause assez longue.

Bon, et puisqu'on me presse, je fais LE – L, E. Voilà ! Ça me fait 2 points.

Oui, ça va, hein… La partie est pas terminée !

À toi, Véro.

EGERIE ? *(L'air déconcerté :)* « Algérie » ?… EGE RIE… Si, si, je sais ce que ça veut dire, si, si, si. Je l'emploie pas tous les jours, mais bon…

Bon, ben ça va, tu vas pas nous faire un cours de français non plus, non ?

Tu ferais mieux d'essayer d'épater tes profs que tes parents.

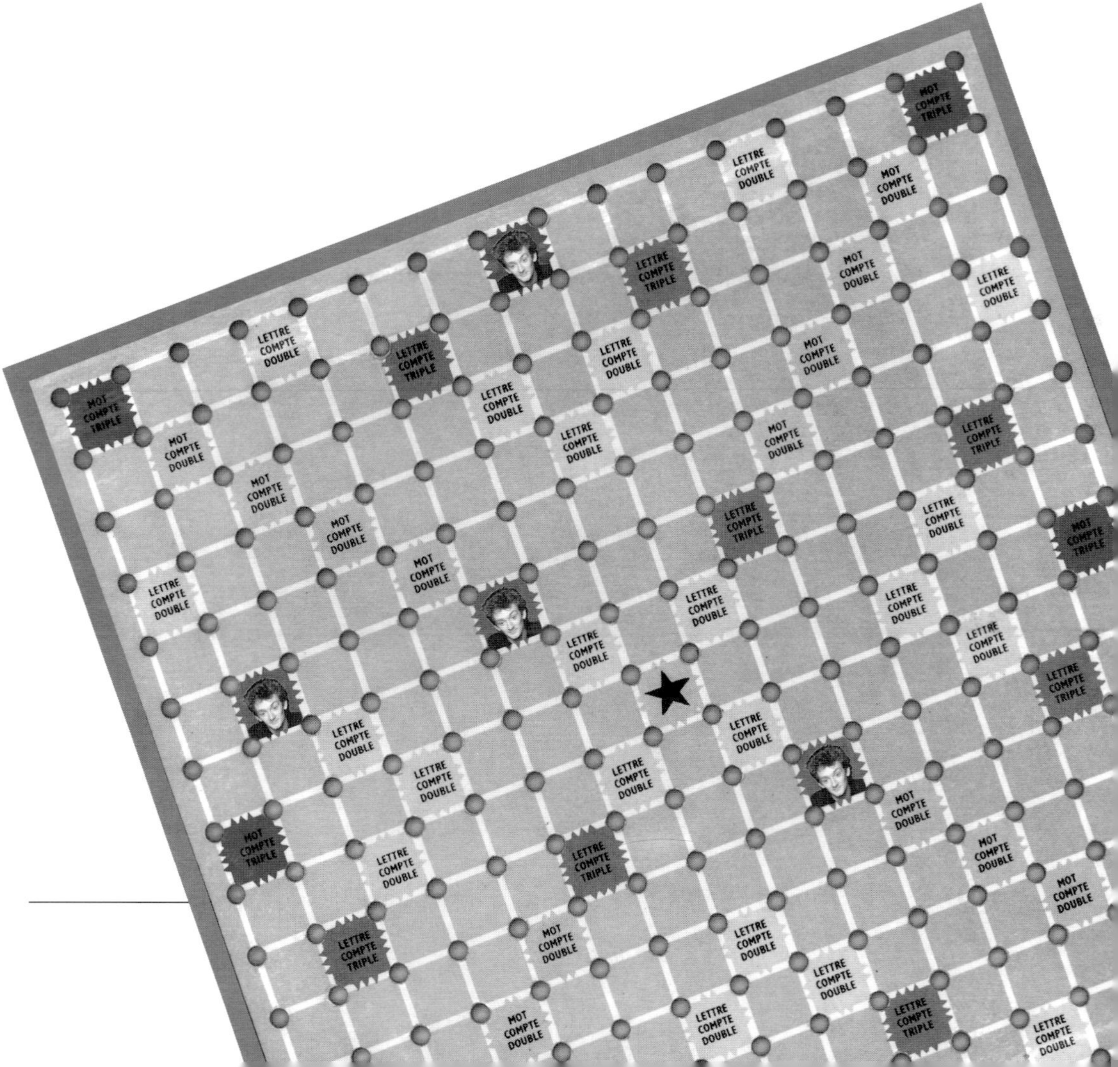

Rien, j'veux rien dire. Compte tes points.

À toi, Liliane !... Li-liane ! *(Il frappe sur la table comme on frappe à une porte.)* On est là !

[K][A][W][A][X] ? *(Consterné :)* Tu peux nous rappeler la définition de « kawax », Liliane ?

Ah oui, non, d'accord, y a de très belles lettres dans ton mot, mais la deuxième condition au Scrabble, c'est que ça veuille dire quelqu'chose !

C'est chiant comme tout, j'te l'accorde mais ça rend la partie... UN TOUT PETIT PEU plus intéressante !

« Kawax » ça n'existe pas, Liliane !

Oui, ben, tu l'as entendu, ben écoute, je sais pas... peut-être pendant nos vacances à Dakar. Euh, ça veut peut-être dire « Quelle heure est-il ? » en sénégalais... Mais, en tout cas, en français ça veut rien dire du tout. *(Ton indulgent :)* Bon, alors, fais voir tes lettres.

Aux enfants :
Je triche pas, je l'aide !... Vot' pauv'mère, vous croyez que c'est drôle, pour elle ? Elle joue au Scrabble, et finalement elle se rend compte qu'elle parle beaucoup mieux sénégalais que français !

À Liliane :
Oh, ben, on peut rire un peu, non ? Eh ben, le prends pas comme ça ! Qu'est-ce qui t'arrive ?... Mais on n'a pas dit que t'étais nulle, pourquoi tu te mets dans c't'état-là ? Les enfants, dites à votre mère qu'elle est pas nulle. *(Silence.)* Eh ben, dites-le !

Tu vois, même les enfants le disent, alors...

(Paternaliste.) Bon, alors... Qu'est-ce qu'on va bien pouvoir trouver avec ces lettres, hein ?

Eh ben t'as... Eh ben t'as... Eh ben t'as W A K E R *(Il épelle :)* W, A, K, E, R.

À Liliane :
Bien sûr que ça existe !

Véronique, ta gueule !... « Waker », c'est... c'est du vieux français, déjà, et ça veut dire... ça désigne un objet... qui n'existe plus, d'ailleurs, mais... le mot existe toujours. Voilà !

T'as jamais entendu l'expression : « Fier comme un waker » ?...

Non ?

Eh ben, écoute, ça fait rien, mets ton mot, compte tes points et Alexandre JOUE.

Véro, on en est à combien ?

Toi : 180. Bon... Alexandre : 80 ! Moi ? 70 ! *(Ton surpris et irrité :)* Bon... Et ta mère ?... 50 ?

À Liliane, joyeux :
Ben tu vois, c'est génial, tu rattrapes tout le monde !

Moi, par contre, j'ai moins qu'Alexandre. Ah oui, c'est marrant...

Bon alors, Alexandre ? Qu'est-ce que tu nous as trouvé ?... Non, F E L A C I O N ça s'écrit pas comme ça ! *(Horrifié :)* Mais, qu'est-ce qu'on t'apprend à l'école, toi ?

Oui, ben c'est pas ici que t'apprends des mots comme ça,

hein ! Si... Oui, c'est français. Joue pas au con avec moi, s'il te plaît, hein !

Il se lève brusquement.

Bon, et puis cette odeur m'insupporte, y a un animal qu'a dû crever sous un meuble, c'est pas possible !

À Alexandre :
Toi, tu nous trouves un autre mot, s'te plaît !

Au groupe :
Ça vous gêne pas, vous, cette odeur ?... Ah, moi, carrément, ça m'agresse...

À Alexandre :
Bon, alors ?... [S][U][C][R][E] ?... Oui. T'as oublié le [R]...

Ben, tu le rajoutes...

Oui, on a vu, « Mot compte double », d'accord... On va pas le prendre en photo non plus...

Bon, allez, à moi. J'ai pas eu beaucoup de chance jusqu'à présent, j'ai pas eu beaucoup de chance... Bon, je change toutes mes lettres.

Si, j'ai le droit ! Vous allez pas m'apprendre les règles du Scrabble, vous !... Je change mes lettres, et je joue...

Quoi ?... Si, je joue !

Ben pourquoi je passerais mon tour ?... Non, non, je suis pas obligé de passer mon tour... Non ! Non ! Non ! C'est pas vrai, on n'est pas obligé de passer son tour quand on change ses lettres. Ça fait vingt ans que je joue au Scrabble, j'ai JAMAIS passé mon tour quand je changeais mes lettres.

Parce que je… TRICHE ?

Un temps.

Ça me fait beaucoup de peine, ce que tu me dis là, Véro.

Liliane, avec ton W A K E R, tu la mets en veilleuse, hein…

Il jette un regard à Véro.

D'accord… Je passe mon tour… À toi, ma fille.

(Pause.) Peut-être que… je triche, mais en tout cas, moi, mon bac, je l'ai eu du premier coup… Ça n'a aucun rapport, c'est pour parler… J'ai horreur qu'on me traite de tricheur, c'est tout… Mais c'est pas grave, vas-y, joue ! Joue ! Joue ! Mets-nous un de tes mots barbares !

T R I N O M E ?… OK ! Je t'avertis tout de suite : on se fout complètement de savoir ce que ça veut dire.

Alors, Liliane, dans la série *J'invente des mots*, qu'est-ce que tu nous as trouvé ?

T Y P H O N ? Mais tu sais que ça existe ça, Liliane ?…

Mais, eh eh eh, c'est super ça, Liliane !… En plus, avec des lettres comme ça… tu vas avoir plus de points que ton mari… et je vais être le dernier ! Mais je m'en fous, parce que, comme je triche, je vais vite rattraper tout le monde, vous comprenez ? C'est l'avantage du tricheur sur les joueurs honnêtes…

Alors, Alexandre, ton nouveau mot, c'est quoi ? « BITE » ? « NICHON » ? « COUILLES » ?

À *Liliane :*
Oui, oui, je sais, je suis de mauvaise humeur, voui, voui…

D'ailleurs, si vous continuez à m'emmerder, je sens que je vais tout envoyer balader !

Il semble écouter quelqu'un.

Hein ?... Ben d'ailleurs, je vais l'faire maintenant.

Allez, hop, voilà...

Il mélange toutes les lettres du jeu.

Oooh ! qu'il est joli, le Scrabble !

Il se lève.

Voilà, bonne fin de dimanche à tous, Papa va à la pêche.

LE CINÉ-CLUB

T'es pas venu… vendredi dernier… au CINÉ-CLUB ?…

Ben, t'étais où ?… Attends… T'as loupé un film, euh… C'était le film à pas louper dans la programmation du trimestre… *(Main au front.)* On était tous HYPER-surpris que tu sois pas là… Même le directeur du Jean-Vigo était étonné de pas te voir, bon… C'était un film qui a été tourné en 36… Non, 37…

Attends, il a été écrit en 36 et tourné en 37, et c'est le premier film d'Helmut Beaker… Suède !… Hyper-génial, tu sais à quel point, moi, je suis difficile… Même Woody Allen des fois, ça me gonfle. Même Godard des fois, je trouve… qu'il fait du… commercial… Mais là, euh… Je suis resté sans voix, tu vois ! *(Mimant quelqu'un d'aphone :)* J'parlais comme ça pendant une demi-heure !…

Ah ben, si t'as pas vu le film, tu peux pas connaître Helmut Beaker, il en a fait qu'UN… celui-là !

Ben, il paraît qu'il est mort… deux ans après, d'une hydrocution… près d'Arcachon, il avait une baraque là-bas !

Bon, on s'en fout, le film est… Je sais pas, je trouve que des onomatopées pour le décrire…

C'est : « À-Aarf », tu vois !… Oui, mais toi, t'as pas vu le film, t'es chiant, toi aussi, quand tu t'y mets, hein ! *LE REGARD D'ELVIS GRATON*, je cherchais le titre ; c'est ça *Le Regard d'Elvis Graton*.

Helmut a fait une analyse des relations « opprimés-opprimeurs », à travers un chien et sa gardienne, qui est diabétique… – la gardienne, hein – et antisémite… ; je te rappelle que ça se passe en 36, tu vois ce que je veux dire… Et TOUT le film, c'est la tête du chien, qui réalise ce qui se passe !

Tu vois le délire !… Euh… un épagneul breton ! Mais la Bretagne n'a rien à voir là-dedans tu vois… Ils sont tous les deux, Elvis Graton et elle, dans une forêt… hein ?… Suédoise ouiii, forcément… Paumés parce qu'elle sait plus OÙ elle a garé sa bagnole, immobilisés parce qu'elle a glissé sur de la mousse mouillée, elle s'est pété une jambe, c'te conne, enfin bon… Il commence à faire nuit parce qu'on est en janvier… Eh ben… J'aurais pas aimé être à la place du chien… tu vois ! Oui, le chien, il parle dans le film, mais à voix basse, tu vois, pour pas qu'elle entende !

Attends ! Ça, c'est une convention, sinon on n'a pas de repères. Pardon ?… Quatre heures et demi sans entracte ! Moi, heureusement, j'avais bouffé avant ! C'est Jean-Paul qui a morflé !

Ah ben, c'est un film très dur, tu vois, mais… qui, malheureusement, … est encore d'actualité… Attention, je dis « malheureusement ». *(Il mime des guillemets.)* Parce que… y a un message en filigrane…Tu connais le mot « filigrane » ? Oui ! Un message qui peut pas t'empêcher de te rappeler qu'… après la vie…, il y a la mort… !

Attends, j'vois pas pourquoi tu la ramènes, t'as pas vu le film… Y a des scènes qui sont des spirales complètement… elliptiques, notamment quand le chien s'endort, oui, eh ben, il est crevé, c'est normal, et la gardienne, elle croit qu'il est mort et elle l'enterre, et un quart d'heure plus tard, le chien se met à aboyer d'en dessous, et là elle éclate de rire…

Et nous aussi d'ailleurs, dans la salle on n'en pouvait plus… Tu connais le rire de Max, il était à côté de moi, il m'a fait une tête comme ça !…

Elle éclate de rire parce qu'elle sait plus OÙ elle l'a enterré ! Ah oui, c'est un rire en parallèle avec le malaise, tu vois ; c'est un rire cathartique… Tu connais le mot « cathartique » ? Oui !

Ah, ben le chien, il a pas le choix…, il se met à l'insulter en suédois, bon, moi, je comprends pas le suédois, mais on devine qu'il lui dit des choses comme *(il marmonne)* « grosse salope » ou « sale bourgeoise mal baisée », je sais pas, j'invente, mais enfin, c'est… c'est le sens !

Oui, à la fin, elle finit par le déterrer, oui, *in extremis*, c'est du latin !

Ah ben, c'est un des moments les plus violents, tu vois, les gens étaient dans la salle… angoissés ! ! Y en a même qui sont partis euh… *(Un temps.)* Y en a même pas mal qui sont partis ! Ça, évidemment, tu peux pas demander à tout le monde d'adhérer, j'te dis, c'est trop violent…

C'est d'ailleurs dommage qu'ils le passent qu'une seule fois, hein… Moi, j'en ai parlé au Père Lauzac, je lui ai dit : « On peut pas tout assimiler en UNE fois. » Moi j'sais qu'y a des scènes que j'ai pas comprises ! Notamment, la scène où y a un écureuil, piégé, qui passe et qui explose… à… quoi… 50 mètres d'eux.

Là j'avoue… j'ai pas saisi… et je suis pas le seul.

Alors, est-ce que la minuterie avait été mal réglée ? Qui a fait le coup ? Est-ce que la gardienne était au courant ? Qu'est devenu l'écureuil ?

Il faudrait que je le voie une seconde fois !…

Eh ben, après, on pouvait pas ne pas faire un débat ! On est tous allés chez Max, il a repeint sa mezzanine, c'est très *new fashion* ! Moi je suis parti, il était 5 heures du matin, on était complètement bourrés ! On avait commencé au Porto, on s'était finis à la poire Williams, en plus y avait un joint qui tournait… On s'est piqué des délires sur la veste orange de Françoise, on s'est vraiment poilés, tu vois ! Tu connais le mot « poilé » ? Oui !

Vendredi prochain c'est un documentaire sur l'érosion du Pic du Midi, plus débat : moi j'y vais. Tu viens, j'espère ? Mais qu'est-ce que t'as à plus venir ?… Ça te gonfle ou quoi ?

Ah c't'à cause des films ? C't'à cause de moi aussi ?

Ah, t'emmerdes Jean Vigo ?… Eh ben, dis donc ! Dis-moi, tu serais pas en train de te faire bouffer par la société de consommation… toi ?

Poème

À quoi sert d'être heureux si il nous faut mourir
À quoi bon croire en Dieu si nous devons souffrir
Sur des champs de bataille où le sang coule coule
Des hommes se chamaillent et des chars roulent roulent

D'une voix monocorde :
Toi le soldat qui pars en guerre
Tu tues un homme tu tues ton frère
Toi le soldat qui n'as pas peur
Tu tues une femme tu tues ta sœur

Et puis tous ces enfants qui nous tendent la main
Toi qui as de l'argent tu sais ils ont très faim
Alors dame misère pourquoi t'acharnes-tu
Quitte donc cette terre qui ne t'appartient plus

D'une voix monocorde :
Toi le soldat qui pars en guerre
Tu tues un homme tu tues ton frère

Toi le soldat qui n'as pas peur
Tu tues une femme tu tues ta sœur

Heureusement y a l'amour c'est bien le seul vaccin
Heureusement y a l'amour c'est notre médecin
Alors donne-moi ta main je te donnerai la mienne
Et faisons que demain il n'y ait plus de peine

D'une voix monocorde :

Toi le soldat qui pars en guerre
Tu tues un homme tu tues ton frère
Toi le soldat qui n'as pas peur
Tu tues une femme tu tues ta sœur

L'air inspiré :
C'est moi qui l'ai écrit.

Il lâche la feuille qu'il lisait.

LA MEILLEURE AMIE

Fond musical. Sur un guéridon, un seau à champagne et deux verres.

Tu sais… On peut très bien coucher ensemble… en toute amitié !

T'inquiète pas, j'ai ma vie, t'as ta vie ; moi, j'adore ma femme et mes gosses, toi, t'as un mari formidable – ch'sais d'quoi j'parle, c'est mon meilleur ami –, mais je veux dire, y a pas de mal à se faire du bien.

On est bloqués dans ce congrès de merde pour trois jours… Moi, c'est une idée que je lance !…

Fais pas cette tête ! Pour l'instant… on parle…

Moi, j't'avouerai franchement, si ça se faisait avec toi, j'aurais pas l'impression de tromper Françoise…

Tu sais, quelque part, je me demande si c'est pas aussi ça l'amitié… ?

Ça s'rait, si tu veux, pour te donner une image, de l'amitié physique…

Bon, ben, tu veux pas, tu veux pas ! y a aucune raison de s'engueuler pour ça. J'vais même te dire *(en confidence)*, j't'en veux pas !

Bon, ben, oublions, oublions… C'est pas… *(Rire décontracté.)*

Seulement, si ce dont tu as peur, c'est que Jean-Paul l'apprenne… là j'te rassure, il n'en saura rien !

Bon, alors tu as peur que, demain, on s'regarde pas de la même manière, c'est ça ?

Alors là aussi, j'te rassure : demain, j'aurai TOUT oublié…

Bon, ben alors, j'vois pas d'quoi t'as peur ?…

T'as pas… ? ENVIE… ?

T'as pas envie… T'as pas envie…

Mais, je te parle pas d'avoir envie ! Ça n'a rien à voir ! J'veux dire, ch'suis pas amoureux de toi, à la limite j't'ai même jamais regardée !

J'te parle du fait qu'on n'est pas des machines, et qu'ils ont pas le droit de nous faire bosser comme des bœufs, en niant le fait qu'on est pas qu'des cerveaux, on est aussi des CORPS !

T'as pas qu'un cerveau ? T'as aussi un corps ? Bon, ben, si on couchait ensemble, je trouve que ça s'rait un beau bras d'honneur à l'exploitation patronale ! Et je suis sûr que, quelque part, Jean-Paul serait d'accord avec moi…

Ah ben oui, si c'était pas à toi que j'le proposais, bien sûr...

Ben, j'le propose à toi... parce que y a que des boudins dans ce congrès ! T'es la seule avec qui j'arriverais à faire quelque chose ! Alors prends-le comme un compliment... si tu veux... mais, j'aimerais que tu me donnes une réponse... *(pause)* assez vite... pour que j'puisse organiser ma soirée...

C'est toujours NON !

Putain, toi, quand t'as une idée dans la tête, hein !...

D'un ton mielleux :
Tu reveux pas un peu plus de champagne ?... Non ?... Tiens, j'ai une idée : si ça te sécurise, j'me barre après, on dort même pas ensemble ! Avoue que... j'suis conciliant là, hein ?...

Mais arrête de m'dire que t'aimes Jean-Paul ! C'est pas une EXCUSE...

Moi, j'adore le bordeaux, ça m'empêche pas de boire du saumur de temps en temps !

Bon ben, changeons de discussion... Parce que...

Rire indulgent.

Tout à fait aut'chose... C'est quoi, le numéro de ta chambre ?... Mais je rigole, oh là là là... Si t'as plus d'humour, toi, maintenant, hein ! Mais j'dis ça parce que, moi, j'ai la 637, et... elle est vachement bien... Et j'voulais être sûr qu'ils t'aient pas collée dans une chambre minable... c'est tout...

D'un ton naïf :
T'as eu Jean-Paul aujourd'hui ?... C'est bizarre qu'il

t'appelle pas, hein ? D'habitude, il t'appelle tous les jours... Ouais... Il doit avoir beaucoup de boulot ! Bien sûr... Tiens, pour t'montrer que j't'en veux pas, j't'invite à prendre un verre...

Ben, dans ma chambre !

Quoi, qu'est-ce que j'ai dit encore ?...

Ah, parce que t'as peur que j'en profite pour... Ah oui, d'accord... bon, alors à ce moment-là, ne nous adressons plus la parole, foutons en l'air une amitié de 10 ans ... T'as raison, tu choisis tes amis...

Bon, donc c'est NON ? Eh ben, c'est non... et puis tu l'dis !

Bon, moi, j'vais aller me coucher parce que j'suis un peu crevé là, hein...

Tu sais, c'est grâce à des petits tests comme ça... que j'vais pouvoir rassurer Jean-Paul et lui dire que tu l'adores !

J'ASSURE

Fond musical suggestif.

Bon, éteins cette musique, rallume la lumière !...*(À voix basse :)* Merde, merde, merde !

Bon, ben, je suis désolé, c'est la première fois que ça m'arrive !

Quoi ? Qu'est-ce qu'y a ?... Tu veux que j'te fasse un dessin ?... La machine est en panne ! Elle est pas cassée, elle est en panne !

C'est pas de ta faute, hein, mais non ! Toi, t'es très jolie, c'est pas la question... T'as le regard d'un ange... t'as la douceur d'la brise d'automne... qui nous rappelle que... l'été est... fini.

Mais c'est pas la question, c'est moi, c'est le destin, c'est... c'est « PLOF » !

Ah ben, il paraît que ça arrive une fois sur vingt, ben, écoute... Tu dois être la vingtième fille que j'rencontre, je sais pas... Tu pouvais pas savoir... C'est manque de bol ! C'est la faute à « pas de chance »...

Non, c'est pas un copain, c'est une expression !

Tu vois, en plus, ce qui m'énerve, c'est que, vraiment, tu pourras demander à tes amies, hein, vraiment, quoi, d'habitude, J'ASSURE ! Pfou... C'est pas pour m'vanter que j'dis ça, hein !... Non ! y en a qui sont forts en maths... Y en a qui sont forts au lancer de poids, euh... Bon, et ben moi, c'est au lit !... Enfin, normalement... puisque ce soir...

Mais arrête de dire : « c'est pas grave » ! Je sais que c'est pas grave ! Et on va pas s'éterniser là-dessus, hein ! C'est pas possible ce soir, bon, eh ben tant pis !... On va parler !... Mais plus de ça !

Bon tout ce que j'te demanderai, c'est... d'le garder pour toi ! C'est entre nous ! J'veux dire, ça regarde pas les autres...

Ben, c'qui s'est passé ! Enfin, plutôt c'qui s'est pas passé ! Bon, écoute, remue pas le couteau dans la plaie, s'il te plaît, hein ?

Bon, point, marre ! On change de discussion !

Il réfléchit.

Ou alors, c'est ce que j'ai bouffé c'soir p't-êt' ! C'est possible, parce qu'ils avaient un drôle de goût, leurs brocolis ! T'as pas trouvé ?... Ah non, toi, t'as pris de la lotte, toi ! Ah oui, c'est vrai... Ou alors, c'est peut-être l'odeur de ta lotte ! C'est possible, parce que j'aime pas trop la lotte !

Je sais pas... Je cherche si y a pas des raisons extérieures !... Ça peut très bien venir d'aut' chose que d'moi ! Bon, d'toute façon, on va pas faire une thèse là-d'sus, toi... toi non plus, tu vas pas en faire une jaunisse !... Est-ce que je m'énerve moi ?

T'sais, hein, souvent ça dépend AUSSI de ce qui s'est passé avant ! Tout le dîner, la tête de con de ton frère en face de moi, j'te jure, ça a pas aidé, hein ! Ah, le cauchemar... Il postillonne, il bave, il crache, il bouffe comme un porc !

Je m'excuse, il était en face de moi, c'était *La Guerre du feu* !

Alors quand j'ai dit : « Invite qui tu veux », c'était plus une expression qu'aut'chose ! C'était pour être courtois... T'avais rien de mieux que ton frère ? Et ben, j'sais pas moi, t'aurais peut-être pu inviter une copine ! En plus, si ça se trouve, on aurait pu la ramener !...

Oh, ta gueule, hein ! Moi, je cherche des trucs qui pourraient m'exciter !... On sait jamais...

Mais arrête de m'dire : « c'est pas grave » ! J'ai l'impression que tu m'consoles là ! Moi, je m'en fous, hein... C'est pour toi que ça m'embête...

Et puis on n'est pas obligé de coucher LE PREMIER SOIR ! On n'est pas des animaux !... Eh ben, je te l'ai proposé... parce que tu parles pas, fallait bien qu'on fasse quelque chose !...

Moi, les rapports intellectuels avant les rapports physiques, j'suis pas contre, hein ! Bon, encore, à table, encore, j'veux bien, avec ton frère, on peut pas en placer une ! Mais une fois qu'on est arrivé ici, j'm'excuse, il était plus là, hein !

On n'était pas obligés de se jeter sur le lit... comme des bêtes !

J'estime qu'on a brûlé des étapes !

Alors, quand je dis : « c'est pas ta faute », je me demande

jusqu'où… c'est pas ta faute ! Moi, j'suis pas une machine à faire l'amour. Tu comprends !…

Moi, j'suis un ROMANTIQUE !

En même temps ça me gonfle, parce que, putain, d'habitude j'assure, hein ! Même une fois, avec une gonzesse, j'avais… On avait… Bon, ben j'en parle pas, j'vais m'énerver tout seul !… C'est pas la peine…

Non, j'ai pas envie de m'asseoir, non, j'suis très bien d'bout !… En plus, si ça se trouve, en marchant ça va… Pouh ! Ce genre de soirée, je m'en passerais bien !

Ben, te rhabille pas !… On sait jamais… y a rien de définitif !

Et puis, j'espère quand même qu'y a pas qu'ça qui t'intéresse chez moi ! Vous me faites marrer, vous les gonzesses, hein ! On n'a pas le droit à la faiblesse, nous ! Ça vous est réservé ! Eh ben oui ! Ça arrive aussi à des mecs comme moi ! Comme ça doit arriver à Sinatra de chanter faux !

Pause. Il regarde son sexe.

Bon, eh ben, manifestement, on n'arrivera à rien ce soir, j'vais chercher un peignoir !…

Regarde dans l'placard, voilà, et sors le Trivial Pursuit.

FABIENNE

T'as déjà fait les tests, toi ?... Ben, pour le sida, pas pour faire du cinéma !... Non ?... Moi non plus ! Non... D'toute façon... si t'es sûr que... Ouais, t'es sûr, donc, c'est pas la peine de les faire, c'est sûr...

C'est sûr, et en même temps... on sait jamais... Ah ben, surtout depuis que t'as plus besoin d'être pédé pour l'avoir !

Ah ben, c'est sûr, tu l'chopes pas dans une piscine, mais enfin, des fois, avec une fille, si tu fais pas gaffe... Même en province... Même en milieu rural... Non, non, non mais si tu veux, on parle d'aut'chose, mais... avoue qu'ils nous foutent les jetons avec tous leurs reportages à la con là, hein ?... *(Rire nerveux.)*

Moi ?... Non, j'ai aucune raison de m'angoisser, non !... Enfin... j'veux dire, pas plus que toi !

Tu la connais bien, toi, Fabienne ?... Comme ça... Ouais, je m'la suis faite, ouais, vendredi dernier... chez Jean-Luc !

Ah ben, c'est sûr, tant qu'tu mets une capote, t'as rien à craindre !... C'est quand t'en mets pas qu'c'est chiant !... Ben non, j'en ai pas mis, non !

C'est emmerdant, non ?... Eh oui, c'est emmerdant !... Surtout pour moi... dans la mesure où toi tu t'l'es jamais faite ?... Non, mais j'te demande ? Non !

Non, de toute façon, j'vois pas pourquoi je m'angoisse, parce que... Fabienne, c'est une fille sérieuse... hein ?...

C'est vrai, de Fabienne, on peut dire, euh... : « Fabienne, c'est une fille sérieuse », hein ? C'est vrai... : Fabienne...

C'est une salope ?...Mais comment tu peux ?... TOUT le campus ?!!! Non mais, c'est une image ? Mais enfin, quand même, c'est pas elle qui t'l'a dit ?...

Et mer...de...

Il est soudain terrorisé ; le ton monte.

Attends, ou alors elle est prétentieuse, ou alors... c'est vraiment une salope. Eh ben, de pas m'l'avoir dit ! Ah ben, elle m'l'a pas dit, c'est vrai qu'j'lui ai pas demandé non plus ! Mais enfin, toi, j'sais pas comment tu fais, mais moi, quand je drague une fille, j'lui demande pas si c'est une salope !

Oh ben, « ça se voit », t'es plus fort que tout le monde, toi !

Tu sais ce qu'elle fait, toi, ta Françoise, quand t'as le dos tourné ? Non ?... Eh ben, moi non plus, mais si ça se trouve... t'es cocu comme un cochon !

Oui, ben tes leçons de morale, tu t'les gardes pour toi ! L'important, c'est de savoir avec QUI Fabienne a couché avant moi ! Et là je pourrai savoir s'il faut que j'm'inquiète ou non !

Non, toi tu restes là… puisque, manifestement, tu sais tout sur tout le monde !

Alors premièrement : est-ce qu'elle s'est fait Christophe ? OUI ? ! ! !

Eh ben, ça commence bien ! Parce qu'alors, lui, comme baiseur, c'est carrément LE tireur d'élite ! Oh ben, je m'excuse, il s'est fait Marie-Ève, les jumelles, Caroline, le même soir en plus ! Et paraît-il, la prof de sciences-éco !

Ben, ça veut dire… ça veut rien dire, euh… ça augmente les risques, quand même !

Non, mais rev'nons à Fabienne ! Cette grosse truie violette !… Elle s'est pas fait Martin, quand même ?… Non ?… Putain, elle s'est fait Martin !… Il est où, le problème ?

Mais Martin il se !… *(Il mime une piqûre de seringue.)* Je te dis qu'il se pique ! Je l'ai vu faire dans les chiottes ! ! ! Il s'en cache pas d'ailleurs hein !… Quelle insuline ? Diabétique ? Autant pour moi !

Est-ce qu'elle s'est fait Félix ?…

Bon, ben là je suis foutu ! Mais Félix passe toutes ses vacances en Californie, chez un soi-disant cousin ! T'as pas lu les statistiques ?

Non mais, qu'est-ce qui m'a pris de coucher avec Fabienne, hein ? Moi, ça va finir que j'vais lui demander une pension alimentaire, à cette grosse vache !... En plus, elle est grosse, elle est énorme ! Elle pèse 10 tonnes ! J'ai fait ça pour lui rendre service ! Si ça se trouve, j'ai déjà un pied au Père-Lachaise !

Mais, je dramatise pas, mais, avec ce genre de gonzesses, c'est pas à nous de mettre des capotes, c'est à elles de s'mettre sous cellophane !

100 Ah non, moi les soirées chez Jean-Luc, j'y fous plus les pieds !... Ah ! c'est vraiment un piège à cons, c'est le cas de le dire...

Oh, j'm'excuse, avec ce que tu m'as raconté, j'ai au minimum une chaude-pisse, alors...

Tu vas voir la réputation qu'je vais lui faire, à la Fabienne ! Hein ?... Elle l'a déjà ? Oui, mais tu vas voir quand même...

Moi, d'toute façon, moi, c'est décidé : JE NE BAISE PLUS !

Avec Fabienne !...

Sans capote !

LE JOINT

L'air sarcastique, il tient une « cigarette » à bout de bras et parle à quelqu'un qui se trouve sur le sol.

Alors… c'est ça… que vous appelez un joint ?

Non, je… je dis, c'est ça… que vous appelez… un joint ? Bon, ben lui, il entend rien du tout, hein…

Non, je dis, c'est avec ce truc, que vous partez dans un monde, euh… meilleur ? Ouais… excusez-moi, ça me donne un peu envie de rire, quand même. Non, mais ça m'fait marrer… parce que c'est comme du tabac, quoi, c'est… c'est de l'herbe séchée…

D'un ton narquois :
Maaais, arrête ! Moi, j'crois qu'vos délires, c'est surtout dans la tête que ça s'passe, hein…

Mais, arrête ! Moi, tu pourras m'faire fumer autant de… de

branches de tilleul que tu voudras, si j'veux rester lucide, j'resterai lucide, et puis c'est tout, hein…

Mais, fais-moi rire !… Vot' truc, c'est complètement, euh… psychosomatique. Le côté : « Hmm, c'est bon, je plane, je décolle » ça fait un peu soixante-huitard sur le retour. Excusez-moi, hein ! *(Au personnage sur le sol :)* Je m'excuse, hein !… Lui, il s'en fout, de toute façon…

Maaais, et comment, je vais l'allumer ! Je vais vous prouver c'que je dis… mais, dans les secondes qui suivent… *(Il ricane.)*

Il allume le joint, tire deux longues bouffées et tousse.

Le regard fixe :
Voilà !… Aucun éléphant rose à l'horizon…

Mais alors, j'en vois pas la queue d'un, hein… Vous savez comment ça s'appelle, ça ? *(Il tire une nouvelle bouffée, il a l'air de plus en plus raide.)* Ça s'appelle la volonté, et puis c'est tout ! *(Rire goguenard.)*

Il regarde en l'air.

Qu'est-ce qu'y a comme mouches, ici !

Nouvelle bouffée.

Maaais… J'en étais sûr, que ça m'ferait rien. Alors quand j'le vois, l'autre… étalé par terre… en train de nager le crawl sur sa moquette… sous prétexte qu'il a tiré une bouffée, euh… je… me marre…

En plus, il est ridicule, là où il est, il a pied…

Je vois vraiment pas pourquoi tu rigoles…

Vous vous bousillez la santé, avec ces cochonneries, hein... Vaut mieux cueillir des coquelicots. C'est moins dangereux. Bon, je sais pas... ce qu'il a, le mien, j'ai l'impression qu'il s'éteint... dis donc.

Non, non, passe-moi une casserole, que je le rallume.

Quoi ? Eh ben, j'en ai une sur moi... *(Il rallume son joint.)*

J'vais la mettre dans l'évier, je ferai la vaisselle tout à l'heure.
Nouvelle bouffée. Sa démarche devient mécanique.

Alors ? J'espère que vous êtes pas trop... déçus que... j'marche pas à vot' truc ? Quand je pense au fric que vous mettez là-dedans, eh ben dis donc !

Tiens, regarde-le, l'autre. Ça y est, il est parti en apnée. Tu vas voir, il va se cogner... Regarde-le. Faut dire qu'toi aussi, tu l'as VACHEMENT mal garé, ton radiateur électrique,

hein… D'habitude, t'es fortiche pour les créneaux, mais alors là… *(Sentencieux :)* De toute façon, les meilleurs créneaux, ce sont ceux des châteaux forts…

Eeeh oui ! Parce qu'à l'époque, ils avaient pas le radiateur électrique…et ça on oublie trop souvent de l'dire.

Mais je sais parfaitement ce que je dis. Et appelez-moi « Monsieur le Marquis » !

Quitte pas, on m'appelle sur l'autre ligne. *(Il porte le joint à son oreille.)*

Allô ? Allô ? *(Il bat l'air de son bras libre.)* C'est pénible, ces chauves-souris, quand même, hein, j'te cache pas.

Allô ? Allô ?

À la personne sur le sol :
Si tu pouvais arrêter ton dos crawlé deux minutes, s'te plaît ? parce que, d'abord, t'éclabousses tout le monde, et moi j'entends rien de... c'qu'on me dit. Alors, euh...

Allô ?... Bon, alors, lui, il a raccroché. Voilà. C'est intéressant ! Ça, les gens sont mal ENLEVÉS, hein ? C'est pénible.

Il secoue le joint.

Tiens, 37° 2, tu vois, ça descend un peu.

Bon, attends, euh, tu serais gentil, s'il te plaît, d'arrêter un peu de te foutre de ma gueule... parce que, quand tu ris, t'as les dents bleues. T'as vraiment aucun goût pour t'habiller !

Ses gestes deviennent de plus en plus exubérants.

Fumer d'l'herbe, fumer d'l'herbe ! c'est tout ce qu'y savent dire ! Fumer d'l'herbe ! N'empêche que moi, j'ai un parachute, et je peux sauter quand je veux !

Il se tortille l'air effrayé.

Non, ça va, je te remercie, laisse-moi. Non, seulement j'ai un géranium qui m'pousse dans le dos... C'est très douloureux !

Eh ben, regarde, si tu m'crois pas ! C'est pas vos pétards qui vont m'anesthésier, hein ?

Il regarde son joint, change d'expression.

Je me vois dedans, dis donc ! Ben, écoute, je me vois dedans, hein… Je vais aller chez le coiffeur, parce qu'alors, le chignon, ça me va pas du tout, du tout, du tout !… Je vais y aller maintenant, il doit y avoir des… librairies d'ouvertes, à c't'heure-là.

Bon, je garde le truc… Ça me servira de rétroviseur, dans la rue. Bon allez, moi, je pars. Je pars… en… crabe.

Il quitte la scène en faisant de grandes enjambées latérales.

MISTIGRI

Voix d'un certain âge avec un accent régional :
Bon, mais alors, qui c'est, lui ?… Ah, c'est son frère ?… Et ben dis donc, faut le savoir, hein !… Quoi ? « CHUT » ?!… Oui bon, d'accord, je me tais ! Mais enfin, bon… quoi… j'aimerais bien comprendre le film !… Pour une fois que j'regarde la télévision…

C'est peut-être son frère, mais alors ils se ressemblent pas du tout, hein !… T'avais compris, toi, Jean-Michel, que c'était son frère ?… JEAN-MICHEL !… T'avais compris que c'était son frère ? Ah oui… Ah bon…

Mistigri, fous le camp !… Il est agaçant, ce chat, eh ! *(Il fait des gestes pour le faire fuir.)* Pchiitt…

Qu'est-ce qu'il a dit là ? J'ai pas entendu, hein… Ah, « je vais te tuer » ?… Ah, j'ai compris « où est ma voiture ? »…

On peut pas mettre plus fort ? Où est… où est la télécommande ?… Ah !

Il se lève et va la chercher.

La voilà, oui… *(En passant devant les autres :)* Oh !… Excusez-moi ! Ça va, hein…

Alors, euh… Oh merde, j'ai changé de chaîne, dis donc ! *(Il rit et se reprend :)* Je… Je la remets, la voilà… Oui, ben ça va…

Excusez-moi !… Le voilà, votre film ! On va pas en faire une histoire, non ? Je comprends rien à cette télécommande !…

Mistigri, casse-toi ! T'embête Étienne !… Hein, Étienne ? Il t'embête, le chat, Étienne, non ?

ÉTIENNE !… Le chat ?… Y t'embête, non ?… Oui, je vois bien, oui… Je vais le canner, moi, ce chat !… un de ces quatre, tu vas voir…

Pourquoi vous rigolez là ?… Mais pourquoi vous rigolez ?… Parce que j'ai pas compris ! Hein ?…Ah, parce que c'est pas lui ! Il se fait passer pour… ah, OK, d'accord ! Eh ben dis donc, hein… faut suivre…

Oui, bon d'accord, j'dis plus rien, oui…

Quelqu'un veut du café ?… Étienne ?… Tu veux du café ? ÉTIENNE !… CAFÉ ?… *(Il s'énerve :)* Eh, dis-le ! Si tu veux pas de café, moi, je fais pas de café, hein !… C'est pas la question, j'demande si y veut du café, si y veut pas de café… moi, je lui fais pas de café, hein !…

Mistigri, fous le camp !... Tu gâches le film à tout le monde !... Allez, grimpe là ! Comme ça au moins, je saurai où tu es, va !

Il fixe l'écran un moment.

Mais il avait pas la moustache, lui avant ?... Ah ! c'est un *flash back* !

C'est quand il était jeune !... Pourtant on vient de le voir vieux, là ! Il est monté à l'envers, ce film, hein !... Mais si... je comprends... Mais... enf... !

Bon, d'abord, qui c'est qui joue, dans ce film ?... Sylvie passe-moi le *Té*...

(À voix basse :) Passe-moi le *Télé 7 jours* !... Il est dans la pile. Y a *Podium*, ensuite y a *Télé 7 jours*... *(Voix normale :)* Merci !

Au chat :
Casse-toi, toi ! Tu déranges !

(Bien fort :) On est quel jour ?... Mardi... mardi... mardi... c'est après le... lundi ! Comment y s'appelle, lui, dans le film ?... Ben celui qui est un coup vieux un coup jeune là, on sait pas... Rosco... *(Il cherche dans le* Télé 7 jours.*)* Philippe Leclerc !... Ça me dit quelque chose...Il jouait pas dans *Noëlle à quatre vents* ?... Ah, c'est *Noëlle à quatre vents* là, qu'on regarde ?... Ah, mais je l'ai déjà vu, ce film, alors !... À la fin, il meurt, Rosco !...

Bon, qu'est-ce que j'ai dit ?... Oh là, excusez-moi... Mais c'est évident qu'y va mourir... C'est sa fille qui va le tuer !...

Il regarde partir quelqu'un avec étonnement.

C'est à cause de moi qu'il est parti, Étienne ?... Eh ben dis donc, qu'est-ce qu'il est susceptible, hein ! On peut pas regarder un film sans qu'y s'énerve !...

Juste un truc : vous voulez pas que j'éteigne la lumière ?... Ça fera plus cinéma, hein ?... Bougez pas. Attention !... *(Il va à l'interrupteur et tout s'éteint.)* Merde, qu'est-ce qu'il se passe ? Hein ? Ah non, je me suis trompé avec le disjoncteur !... *(Il rallume.)* Excusez-moi, le voilà...

(Il mime un écart minime.) Il est à ça de l'interrupteur, le disjoncteur !... J'pouvais pas savoir, hein ?... Il est à ça de l'interrupteur, le disjoncteur...

Moi, j'voulais rendre service, hein... moi, j'le connais, le film... Il est... *(À voix basse :)* Il est à ça de l'interrupteur, le disjoncteur...

Tiens ! Qu'est-ce que j'avais dit ! C'est sa fille qui a fait le coup ! On veut jamais m'écouter, moi !... Je savais bien que je l'avais vu, ce film, hein !... Ça va bientôt être la fin ! Moi, j'adore la musique du générique ! *(Il la chantonne en battant la mesure avec son pied.)*

Qu'est-ce qui y a ? Vous partez ?... Vous allez le voir sur l'AUTRE poste ?...

Bon, ben, tant mieux...

Comme ça, je pourrai regarder la fin sans être dérangé !

Viens, Mistigri, viens me voir !... Au moins, toi, tu m'fais pas la gueule !

L'AUTRUCHE

Musique « Happy Birthday ».

Oh les cons !... Oh les cons, ils y ont pensé !... Non mais alors, vous êtes trop cons, tiens !... Oh là, vous, j'vous retiens, hein !...

Il tourne la tête.

Aaaaah !... Qu'est-ce que... Mais qu'est-ce que c'est ?!!... Ben ça !... C'est mon cadeau ? Mais c'est une blague ! Vous êtes malades !... Ben, mais c'est pas la question, mais enfin, pour mon anniversaire, vous m'auriez offert des canaris... ou même un perroquet... mais UNE AUTRUCHE !... Vous êtes fous !

Si, je suis très ému... si, si... enfin, disons... surpris... enfin... ému d'être surpris !... M'enfin, ça a dû vous coûter une fortune ! Pour le prix, une belle bagnole ça aurait suffi !

Excusez-moi, je m'assois, hein ! Ben, c'est pas que ça me plaît pas, mais enfin, c'est quand même une autruche, hein ! J'sais bien, les Yvelines, c'est un peu la campagne, m'enfin quand même !…

Enfin, moi, j'peux pas accepter, j'habite dans 100 mètres carrés plus un petit jardin à l'anglaise, c'est ridicule. Mais enfin, qui a eu cette idée ? C'est toi, Félix ?… Mais enfin, Félix ? Qu'est-ce que je t'ai fait ?…

Qu'est-ce que ça bouffe, une autruche ?… N'importe quoi, ah ben, c'est déjà ça !… Et qu'est-ce qu'il a dit, le chat ?… Il s'est barré, ben tu m'étonnes ! Moi, à sa place…

Mais attendez, enfin, où c'est que j'vais la mettre, moi, c't'autruche ?… Ah ben, j'ai une chambre d'amis, mais… enfin… Oh ben, c'est absurde, c't'histoire !

Non, non, les gars, je peux pas accepter, hein…

Quoi, « elle est apprivoisée » ? Ah ben, de toute façon elle pourrait pas aller bien loin, y a 20 secondes de trajet du fond du jardin à la porte d'entrée, alors !… Et puis, va falloir que je la sorte ! Moi qui ai horreur de me faire remarquer. Ah ben là, je vais frapper un grand coup !

Non, allez ! Virez-moi cette autruche ! Allez, ouste… ous… *(Il fait un bond en arrière.)* Aaaah ! Putain ! Elle a bougé ! !… Pourquoi elle me regarde comme ça, hein ?… Elle veut que je la caresse ? C'est une plaisanterie ?…

Il s'approche avec réticence de l'animal, le caresse.

C'est doux, hein !… Finalement, on se fait une idée des autruches complètement fausse, hein ! C'est moi qu'elle regarde, hein ?… Pousse-toi, tu vas lui faire peur !…

J'peux vraiment pas te garder ici, ma cocotte, hein !… *(Aux autres :)* Hein, y a pas assez de place, c'est vrai…, y a pas assez de place ici !

Comment vous l'avez appelée ? Zoé ?… Ah oui, ça lui va bien. Moi, c'est Pierre, moi, c'est Pier… ! J'me sens con, je parle à une autruche, je suis ridicule !

Ah, la tête des voisins quand j'irais la promener…, finalement ça me ferait rire !

Non, mais tu vois, je me suis énervé, mais… J'sais pas, finalement, c't'autruche, elle a quelque chose que… les autres autruches ont pas !

Elle a ce petit côté « j'habite dans les Yvelines », qui fait que… j'serais à deux doigts de m'attacher !… Hein ?… Je m'attache !

Non tu la caresses pas, faut qu'elle s'habitue à moi !

Quoi « arrête » ? Ah ben dis donc, Félix, c'est un peu toi qui l'as voulu, non ?

C'est vrai que ça va un peu changer mon quotidien, m'enfin…

Quoi !… Une blague ? Ah, VOUS L'AVEZ LOUÉE AU ZOO ?

Aaah bon !… Ah bon !…

Ah ! bon !

Mais… euh, où c'est qu'il est, ce zoo ?

LA CHANSON

Il entre en scène, veste en lamé et lunettes noires.

Bonsoir…

Il fait onduler le fil du micro et ensuite l'enroule machinalement en cadence.

J'ai mis… *(Raté sono.)*

J'ai mis un bout de pain sur ton corps nu
Il y a le ciel qui me dit : « Viens »
Je n'veux plus voir cette vieille armoire
Mes cheveux dansent
Le beurre est rance
Appelez-moi « Franck »

Qui chante comme un oiseau
Peut se cacher dans mon piano
Il y a l'hiver, il y a l'été

Et les poissons aiment bien nager
Rentrons chez moi
Tirons les rois
OUAIS !

(REFRAIN)

En haut de l'échelle
y a une hirondelle
Qui meurt de faim

Il fait mine de se poignarder puis de tirer un coup de feu.

Dans ce vieux manoir
Au fond du couloir
Il y a... l'espoir

Pourquoi suis-je si grand
À la hauteur de mes tourments

Toutes ces guerres, tous ces enfants
Tourne la terre, et, et… et vole au vent
C'est la déesse de…
De la vieillesse

Les yeux dans mon miroir
Je n'ai plus peur de la nuit noire
Une cigarette qui se consume
Quand les lunettes cachent l'amertume
J'ai soif de toi,
OUAIS…

(REFRAIN)

En haut de l'échelle
Y a une hirondelle
Qui meurt de faim

Il mime un coup de poignard et un coup de feu ; un poulet empaillé tombe au bout d'un parachute.

Dans ce vieux manoir
Au fond du couloir
Il y a… l'espoir.

ENCORE !…

En haut de l'échelle
Y a une hirondelle
Qui meurt de faim
Dans ce vieux manoir
Au fond du couloir
Il y a… l'espoir.

CHORÉGRAPHIE !

Il fait quelques aller et retour simplistes et saccadés, façon « bourrée auvergnate », et termine sur un clin d'œil, après avoir retiré ses lunettes noires d'un geste très théâtral.

ON T'A RECONNU

– Eh toi !... C'est vrai ? c'est toi, le... comique à la télévision ?

– Heu, oui... Bonjour !

– Salut, ouais ! C'est quoi, ton nom ?

– Pierre Palmade.

– Palma ?

– DE !

– De Palma ?

– Palma-DE

– Ah ouais ! Palmade ! Ouais... J'te connais pas moi, c'est ma copine qui t'a reconnu ! Mais... tu passes sur quelle chaîne ?

– Oh ben... un peu sur toutes !... Sauf sur la Cinq ! *(Rire entendu.)*

– Pourquoi ? Y veulent pas ? J'te connais pas, moi, c'est ma copine qui t'a reconnu ! Annie ! Viens ! C'est lui… Ouais, elle est nulle, elle ose pas venir ! Moi je dis, euh… je m'en fous ! parce que… euh… les mecs qui passent à la télévision, y sont comme les autres, eh… ?

– Mais j'ai jamais dit le contraire !

– Annie, allez ! Annie, viens ! Fais pas chier ! Faut pas exagérer, c'est pas Alain Delon !

– D'accord !… Vous m'excusez, j'suis un tout p'tit peu pressé là, y faut que j'y aille…

– Ouais, attends ! Je te la présente ! Fais pas ta star ! Bon ben, Annie, j'te présente Pierre, euh…

– Palma…

– Palmade, ouais, voilà, c'est ça ! Tu vois, y… y va pas te bouffer ! Ouais ça y est… Elle est comme ça ! euh… *(Il la mime.)* Parce que t'es passé à la télé, alors ça y est, euh… Mais… tu fais quoi comme imitations ?

– Non, moi, j'im… j'imite pas, je fais des sketches !

– Ah ouais ! Comme Coluche… ?

– Oui, enfin, dans… dans un autre genre !

– Vas-y ! Fais-moi-z'en un !

– Non, là non, c'est un peu délicat… là dans la rue, euh… j'sais pas…

– Allez !

– Non, mais p't-êt' que tu connais le… le sketch du colonel… parce que… parce que… il est passé assez souvent à la télévision, donc… p't-êt' que…

– Ça raconte quoi ?

– Ah ben, c'est un mec... un peu efféminé... qui va à l'armée, puis y va voir le colonel, puis y lui raconte tout c'qui va pas dans la caserne, quoi !

– Ah bon... Moi, un que j'aime bien par contre, c'est Bigard ! Avec son sketch là sur les expressions, là dans le restaurant, quand y dit « connard »... Y m'éclate trop, ce mec !... Tu le connais ?

– Bigard, oui, oui, c'est un copain, oui...

– Moi, je connais bien Christian Morin !

– Ah oui !... C'est pas le même humour !

– Enfin, c'est pas moi qui le connais, c'est un copain qui travaille à la télévision !... Enfin, c'est pas lui qui travaille à la télévision, c'est le mec de sa sœur ! Tu le connais ?

– Euh... mal.

– Mais, euh... faut payer pour passer à la télévision ?...

– Ah non, c'est le contraire, c'est un métier, donc on est payé !

– Sans déconner ! Putain... C'est cool ! Moi aussi, j'veux bien être payé pour raconter des conneries à la télévision... En plus, j'en connais plein, des blagues !... Tiens, euh... *(Il cherche.)* Ah ouais, tu connais, euh... le mec qui veut enculer sa fem...

– Oui j'la connais, celle-là, oui ! Vous m'en voulez pas là, j'suis un tout p'tit peu pressé, y faut vraiment que j'y aille... !

– Attends, euh… euh… Il est sympa, Sabatier ?

– Euh… oui…

– Et Foucault, il est sympa ?

– Oui.

– Et Drucker, il est sympa ?

– Oui, on va p't-êt' pas tous les faire là, hein, parce que… vraiment, y faut que j'y aille.

– Ouais, attends ! Euh… T'as des places, euh… pour la télé ?

– Comment ça ?… J'comprends pas…

– Ben, ouais…, pour que j'aille raconter mes blagues ! En plus, en ce moment… j'ai des galères de fric, euh…

– Ben oui, ben, y faut écrire à la télé…, 8, avenue de la Télé… à Paris… dans le 16e !

– OK, sympa !… Tiens, fais-moi un autographe… Enfin, pas pour moi, euh… moi je m'en fous, pour ma copine… Ah ouais, attends… Signe Lagaf… Ça fait mieux pour les copains !

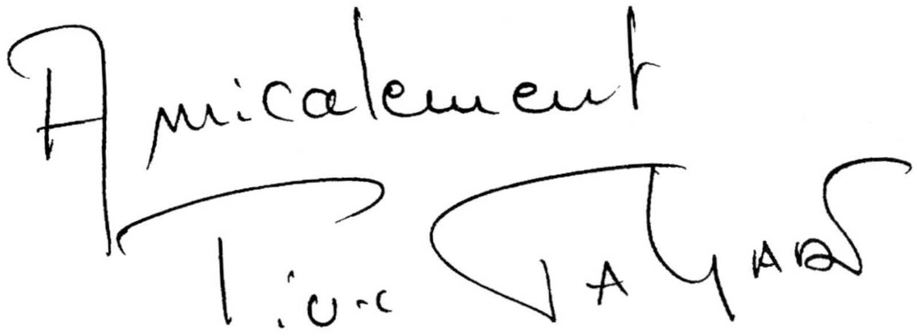

LE RETOUR DU COLONEL

– Pardon, mon colonel, je peux vous voir entre deux manœuvres ? C'est très gentil de votre part… Vous devez vous rappeler de moi, vous m'avez offert une semaine dans un… « GNOUF » !… Ça y est, vous me remettez ? C'est une immense plaisanterie, j'imagine ? Pendant une semaine, pas de lumière, pas de lavabo, pas de confort. Rien… Mais c'est un taudis, ce « GNOUF » ! Ou alors on m'a fourré dans un appartement témoin. J'vois qu'ça ! Moi qui me faisais une joie d'aller là-bas, eh ben, j'peux vous dire que j'en suis revenu !… Pas de téléphone, pas de télé, enfin on rêve, quoi !… Moi, j'vous invite une semaine à Antibes, vous allez voir que c'est aut'chose ! Ah ben, je vous cache pas qu'à choisir, maintenant, je préfère la caserne ! Même si j'me fais un petit peu chahuter par les camarades, y a au moins un minimum d'hygiène…De toute façon, y a rien qui va ici, même les campings sont mieux équipés !

– Dites-moi, de La Guerronière, et mon poing dans la gueule, ça vous irait comme équipement ?

– Inhospitalier et vulgaire en plus de ça !

– Barrez-vous, de La Guerronière ! Cassez-vous, j'veux plus vous voir, vous êtes réformé !

– Si vous le prenez comme ça…

Il sort en courant.

– Les mecs, ça a marché ! JE SUIS RÉFORMÉÉÉÉÉÉ ! ! !

LA TABLE

ILLUSTRATIONS

J. Andanson/Sygma : 15, 68.
Benaroch/Sipa Press : 3, 41, 57, 60, 75, 127.
C. Berchadsky : 10, 24, 86, 103, 104, 116, 117, 124.
J. Bourguet/Sygma : 96.
Megret/Sipa Press : 36, 93.

Maquette et réalisation PAO : Bernard Pierre
Graphisme & Illustrés, Seuil

Impression : Mame Imprimeurs à Tours
Dépôt légal : octobre 1993. N° 20772 (13816)